AIとともに生きる未来 ③

AIの今

スマート家電・バーチャルアシスタントなど

山田誠二・監修

はじめに

A《エー》I《アイ》の今と広がり・最新のAI

2013年頃《ごろ》から始まった第3次AI《エーアイ》ブームは、今もまだまだ続いています。そして、長くブームが続いているのには理由があります。その理由の1つとして、第3次AIブームは、社会や家庭、学校などのさまざまな分野で、AIの利用が始まっていることがあげられるでしょう。では、なぜこのようにAIが社会で広く利用されるようになったのでしょうか。まったく新しいAIが生まれたからでしょうか？　それとも、AIの研究がとても進んだからでしょうか？　たしかにそういう原因《げんいん》もありますが、もっと大きかったのは、コンピューターがとても進化して、速く、安くなったことがあります。また、これまでは簡単《かんたん》には集められなかったたくさんのデーター、つまり「ビッグデーター」が簡単に使えるようになったことがあります。つまり、AIが役に立つための下地がそろってきたことが大きいといえるでしょう。このようなことから、社会でのAIの利用が一気に広まり、ブームが続いていると考えられます。

第3巻《かん》では、このブームの中で、AIはわたしたちの社会でどのように使われていくのか、またAIはわたしたちの生活をどのように便利に、快適《かいてき》に変えていくのか、AIにはどんなタイプがあるのかについて、具体的な例を紹介《しょうかい》しながら説明していきます。

まず、最初に人間の脳《のう》とAIとの関係について触《ふ》れます。もともとAIは、「人間みたいに賢《かしこ》いコンピューター」を作るという目的をもって、研究が始まりました。そこから、いろいろなことがあって、とりあえず脳のことは置いておいて、賢くなればいいや、それが脳と同じでなくてもいいや、という考え方が広がっていきました。でも、やはり人間の脳はすごいのだから「脳に学ぶ」というのが大事だという考え方も重要です。このような「脳に学べ」という考え方は、ニューラルネットワークと呼《よ》ばれ、その最新型であるディープラーニングがブームとなっています。ここでは、原点に返って、まだよくわかっていないことも多い脳の仕組みについて考え、それから生まれてきたニューラルネットワークについて説明します。

続いて、最新の AI は、実際《じっさい》にどのように使われているかについて説明していきます。ここ数年で、画像《がぞう》に写っている物を認識《にんしき》する AI が大きく進化しました。この AI を使うと、自動車に取り付けられたカメラから得られる動画や画像から、車の前にいる他の車やバイクや歩行者を認識することができます。その情《じょう》報《ほう》をもとに、自動車のハンドルの切り方やブレーキの踏《ふ》み方《かた》などを決めて、実行する AI が開発されています。それが自動運転車です。また、カメラや X 線の画像からガンを見つけたり、病気を診断《しんだん》したりという、お医者さんがやっている難《むずか》しい仕事を、AI が代わりにやることが現実《げんじつ》になりつつあります。また、「アニメを見せて」と話しかけるとテレビをつけて、アニメを見せてくれるスマートスピーカーと呼ばれる AI も、すでに広く家庭に入ってきています。みなさんの家庭でも使っているかも知れません。

そして、本巻の最後では、最新の AI について紹介します。まず、AI を 2 つ作って、互《たが》いに相手を追《お》い抜《ぬ》こうと競い合わせることで、競争して互いに賢くなっていくという研究を紹介します。みなさんも、友だちと一緒《いっしょ》に競争しながら勉強したり、ゲームしたりすると、お互いの成績《せいせき》やテクニックがどんどんよくなっていくことがありませんか。それと同じことを 2 つの AI 同士にやらせようとする方法です。この場合、互いが相手の先生であり、生徒になるので、人間が手助けしなくても勝手に賢くなっていきます。もう 1 つの最新の AI は、自分で自分の決めたことについて、なぜそうなったのかを説明できる AI です。これは、説明可能《かのう》な AI：XAI《エックスエーアイ》と呼ばれ、これからもっと AI が社会に溶《と》けこんでいくために、とても大切な AI なのです。

以上のように、AI とみなさんとの関係、そして最新の AI について理解《りかい》することで、AI がどのように社会で使われているのか、今後どのようにみなさんの役に立っていくのか、そして多種多様な AI の研究と開発の広がりを感じてもらえると思います。

国立情報学研究所 教授
総合研究大学院大学 教授
山田 誠二

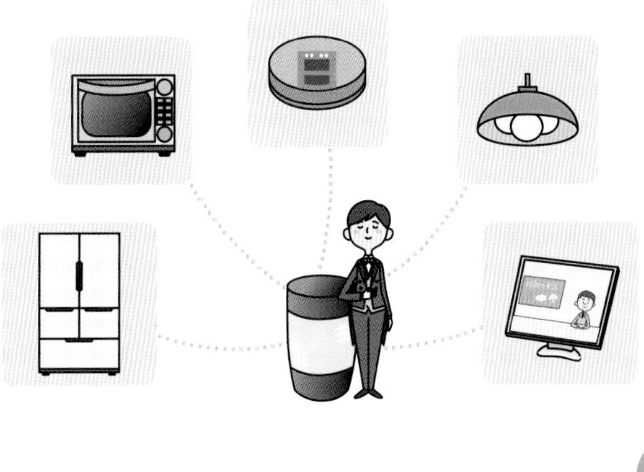

巻頭《かんとう》コラム

こんなところにもAI《エー アイ》が!?

今や、身の回りには、AI《エーアイ》を活用した製品《せいひん》がたくさんあります。

いくつかの製品は、「AI 搭載《とうさい》!!」などと表記しているので、そうしたものはわかりやすいですが、中にはあえて「AI を使っています」とは表記していないけれども、実は AI が使われているという製品などもあります。

こんなところにも、AI が使われているんだ !! というものをいくつか紹介《しょうかい》しましょう。

携帯型翻訳機《けいたいがたほんやくき》

海外旅行に行った時などに役立つのが、携帯型《けいたいがた》の翻訳機《ほんやくき》です。

携帯型翻訳機に向かって日本語で話すと、あっという間に英語に翻訳してくれて、音声で英語を話してくれます。

最新の携帯型翻訳機は、通信機能《きのう》によってインターネットとつながっていて、大量の翻訳データに接続《せつぞく》されます。そして、AI《エーアイ》によって、より正確《せいかく》な翻訳を返してくれるのです。

しかも、長い話であっても、少ない時間差で翻訳文を返してくれるので、外国人との会話をスムーズに進めることもできます。

対応《たいおう》する言語についても、英語だけでなく、フランス語や中国語、韓国語《かんこくご》など、いろいろな外国語を翻訳できるものが多く、中には 70 か国語以上もの外国語に対応している携帯型翻訳機もあります。

トイロボット

AI《エーアイ》を搭載《とうさい》したロボットといえば、Pepper（ペッパー）などが有名ですが、最近では子ども用のおもちゃにもAIを使ったものが登場してきています。トイロボットといわれますが、AIを搭載していることによって、人間が話しかけると、それに答えてくれたり、話の内容《ないよう》に応《おう》じて手足を動かしたりします。より高度なものは、インターネットに接続《せつぞく》して、「明日の天気は？」と質問《しつもん》すると、インターネット上の天気情報《じょうほう》を調べて、「晴れです」と答えてくれるものもあります。おもちゃのロボットの中に、スマートスピーカーが組みこまれているようなものです。トイロボットよりもっと高機能ですが、最近新しくなった犬型AIBO（アイボ）などのペットロボットがたくさん販売されています。これらの中には、飼い主と仲良くふれ合うことによって、飼い主の好みや個性《こせい》を機械学習で学習していくロボットもあります。まるで、ホンモノのペットのようです。

テレビゲーム

テレビゲームなどのソフトの中にも、AI《エーアイ》を利用しているものがあります。シミュレーションゲームといわれるタイプのテレビゲームでは、プレーヤーの操作《そうさ》に対して、登場するキャラクターにどう反応《はんのう》させるかをAIでコントロールしていたり、ゲームのストーリー展開《てんかい》をAIでコントロールしていたりします。また、ゲームのキャラクターを作るのにAIが使われています。

エレベーター

デパートやビルなどで、エレベーターを使おうと呼《よ》び出《だ》しボタンを押《お》したけれど、なかなかエレベーターが来なかったり、やっと来たと思っても人がいっぱいで乗れなかったり、という経験《けいけん》をしたことはないでしょうか。利用者が多いデパートやビルなどでは、利用者が押したボタン通りに動いていると、待ち時間が長くなって不便なことがあるものです。

そこでAI《エーアイ》を活用して、どのフロアに待っている人がいても、待ち時間を少なくできるように、エレベーターをコントロールするものが登場しています。

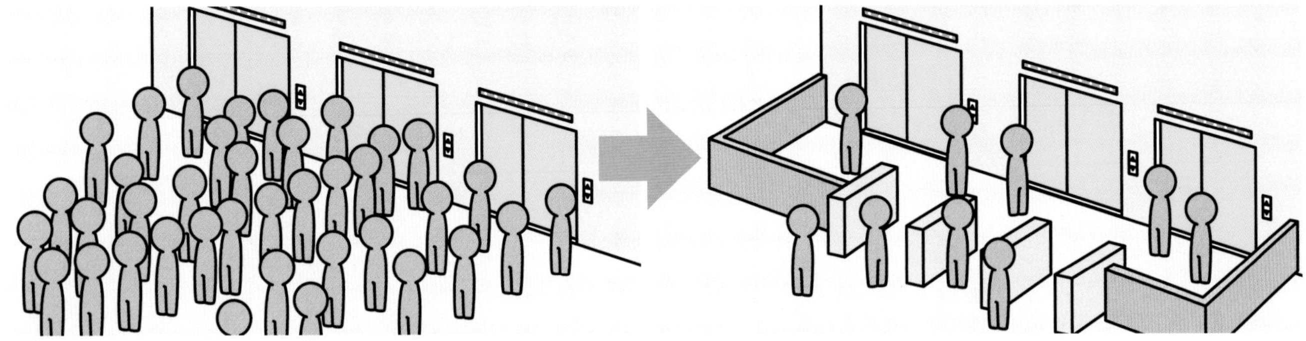

従来《じゅうらい》のエレベーターは押《お》されたボタン通りに動くので、利用者が多いほど混雑《こんざつ》する。

ゲートを通過した人の目的階をICカードから読み取って振《ふ》りわけたり、エレベーター同士が待ち時間を短縮《たんしゅく》するように停止階を調整したりする。

パン屋さんのレジ

あるパン屋さんでは、会計のレジにAI《エーアイ》を活用しています。スーパーマーケットのセルフレジという仕組みでは、商品についているバーコードを読み取ることで、購入《こうにゅう》代金を計算してくれます。しかし、パンに直接バーコードをつけるわけにはいきません。そこで、AIの画《が》像《ぞう》認《にん》識《しき》機《き》能《のう》を使って、自動で会計計算できるようにしているのです。購入者が買いたいパンをもってレジに進むと、カメラがパンを撮影《さつえい》し、その画像から「これはカレーパン 200 円」「これはクリームパン 180 円」と自動で計算します。

トレーにパンをのせて、レジへ行くと、AI《エーアイ》レジのカメラが読み取って、パンの形で何パンかを判断《はんだん》し、購入金額《こうにゅうきんがく》を自動で計算する。

買いたいパンをトレーにのせて、AIレジで読み取らせる。

AIレジが、パンの形を読み取って、金額を計算する。

第1章

人間の脳《のう》とA《エー》I《アイ》

1 脳《のう》の仕組み

まだわからないことも多い 脳《のう》の仕組み

人間の脳《のう》の仕組みについては、以前から研究が進められています。「脳科学」という研究分野もあります。特に、この50年ほどの間に、脳に関する研究が大きく進み、いろいろなことがわかってきました。

人間の脳は、脳という1つのものではなく、大脳《だいのう》・間脳《かんのう》・中脳《ちゅうのう》・小脳《しょうのう》など、いくつもの部分に分かれています。そして大脳だけでも、その中はさらに、前頭葉《ぜんとうよう》、側頭葉《そくとうよう》、頭頂葉《とうちょうよう》、後頭葉《こうとうよう》などに細かく分かれていて、それぞれがどんな働きをするのかも違《ちが》っています。

たとえば、大脳は人間の脳の中でも、もっとも発達した部分だといわれています。大脳では、物事を考えたり、何かを決めたりする働きをしています。また、体を動かすことを命令するのも大脳の働きの1つです。

さらに、テストで良い点をとって“うれしい”、あまり良い点がとれずに“かなしい”といった感情《かんじょう》をコントロールするのも大脳の働きです。

このように、長い時間をかけた研究によって、脳の仕組みについていろいろなことがわかってきました。しかしそれでも、脳の仕組みのすべてが解《と》き明《あ》かされたわけではなく、まだまだわからないこともたくさんあります。

たとえば、テスト用紙を“見て”、答えを考える時の脳の働き方と、何かが自分に向かって飛んでくるのを“見て”、あぶないと思ってよける行動をとる時の脳の働きは違うものです。わたしたちは、そんなことは当たり前だと思いますが、脳の仕組みとして、なぜ必要に応《おう》じた違う働き方ができるのかは、まだわかっていないのです。

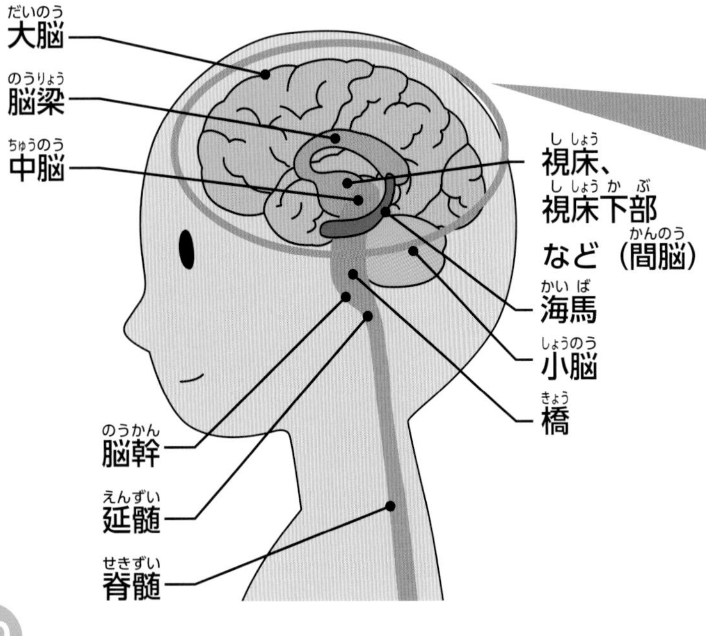

大脳《だいのう》の中は、さらに細かく分かれている。

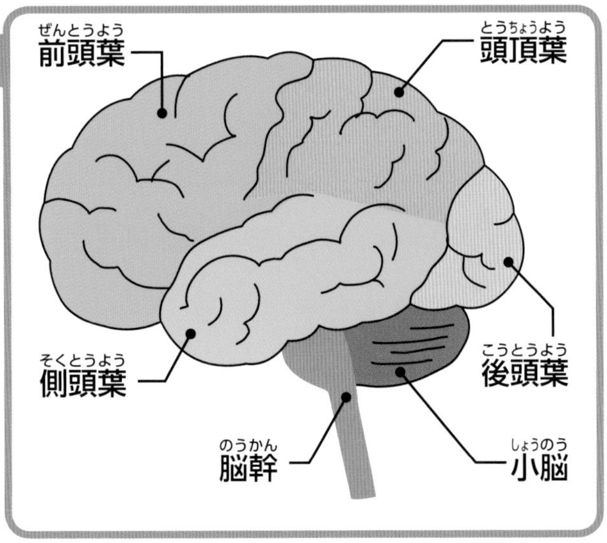

脳《のう》の仕組みがわからずには、AI《エーアイ》(人工知能《ちのう》)は作れない

AI《エーアイ》（人工知能《ちのう》）の研究・開発が、最終的に目指しているのは、「人間と同じように考えたり、物事を判断《はんだん》したりできるコンピューター・プログラム」です。しかし、その実現《じつげん》は決して簡単《かんたん》なことではありません。

第３次AIブームといわれる現在《げんざい》でも、脳と同じAIはできていませんが、そこに近づく新しいAIの仕組みが生み出されました。

それがディープラーニングであり、ディープラーニングの元の考え方であるニューラルネットワークです。このニューラルネットワークは、人間の脳《のう》の仕組みを参考に作られたものです。

そもそも人間の知能は、脳の仕組みによって生み出されるものです。ですから、脳の仕組みを応用《おうよう》することができれば、人間と同じ知能を作り出すことができるかもしれないと考えられたのです。

わかっている脳《のう》の仕組みを応用《おうよう》したニューラルネットワーク

脳《のう》の仕組みのすべてがわかっているわけではありませんが、わかっていることもたくさんあります。

わかっていることの１つが、脳の中にある神経細胞《しんけいさいぼう》の仕組みです。脳には多くの神経細胞があり、その神経細胞の間を情報《じょうほう》が伝わっていくことで、目で見たものが何なのかを判《はん》断《だん》したりできるのです。

ニューラルネットワークというのは、人間の脳の中にある神経細胞の働きを真似《まね》することで、“人間のような知能《ちのう》”を作り出そうとして考え出されました。神経細胞のことをニューロンと呼《よ》ぶので、ニューラルネットワークというのです。

人間の脳《のう》にある神経細胞《しんけいさいぼう》はお互《たが》いにつながって情報《じょうほう》を伝達している。

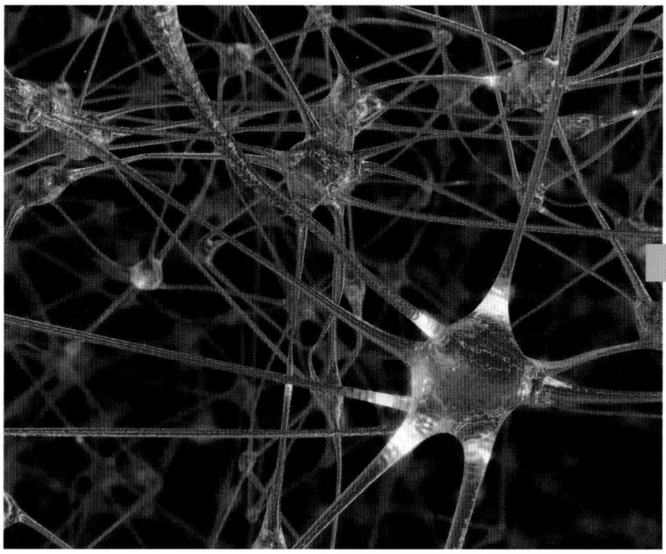

神経細胞が情報を伝達する仕組みを応用《おうよう》してニューラルネットワークが考えられた。

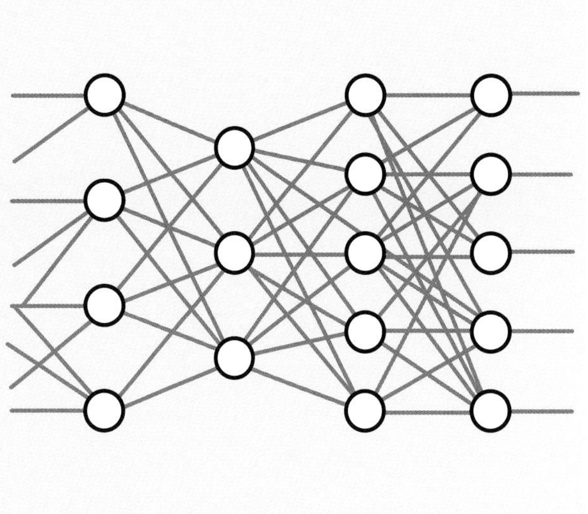

神経細胞《しんけいさいぼう》の仕組み

人間の脳《のう》の中で、神経細胞《しんけいさいぼう》がどのような働きをしているのかについて、詳《くわ》しく見ていきましょう。

ここでは、人間が目で見たものを理解《りかい》するまでの流れを例にして、神経細胞がどのような働きをしているのかを確認《かくにん》します。

たとえば、わたしたちはリンゴを見れば、すぐに、それがリンゴだとわかります。しかし、脳の仕組みとしては、最初からリンゴだとわかっているのではありません。目から入ってきたリンゴの画像《がぞう》は、細かい情報《じょうほう》に分《ぶん》解《かい》されます。そして、分解された情報は、それぞれ違《ちが》う神経細胞に送られ、そこからさらに違う神経細胞に送られる、というように何《なん》段階《だんかい》にも分かれて、神経細胞を伝わっていきます。

こうして、いくつもの神経細胞を伝わっていく時に、目から入ってきた情報の、ある部分（分解されたうちの１つ）の特徴《とくちょう》について、１つめの神経細胞が確認します。そして、その特徴が重要な場合には、次の神経細胞に伝わります。しかし、重要でない場合には、情報が伝わりません。

たとえば、目で見たものが「赤い」という色の部分に関する情報が重要だと判断《はんだん》されると、「この物体は赤いよ」という情報が神経細胞を伝わっていきます。また、違う神経細胞では、「この物体は丸いよ」という形の特徴を伝えます。

こうして、いったん細かく分類されたいろいろな部分の情報が、それぞれ違う神経細胞を伝わっていき、最後にその情報が、もう一回、脳の中で合体します。

そして、最終的に「この、赤くて丸い物体はリンゴだ」と、脳は判断するのです。こうした情報の伝わりは一瞬《いっしゅん》のうちに行われるので、わたしたちは見た瞬間にリンゴだとわかったような気になります。しかし実際《じっさい》には、脳の中では、このような情報の伝わりによって、リンゴだと判断しているのです。

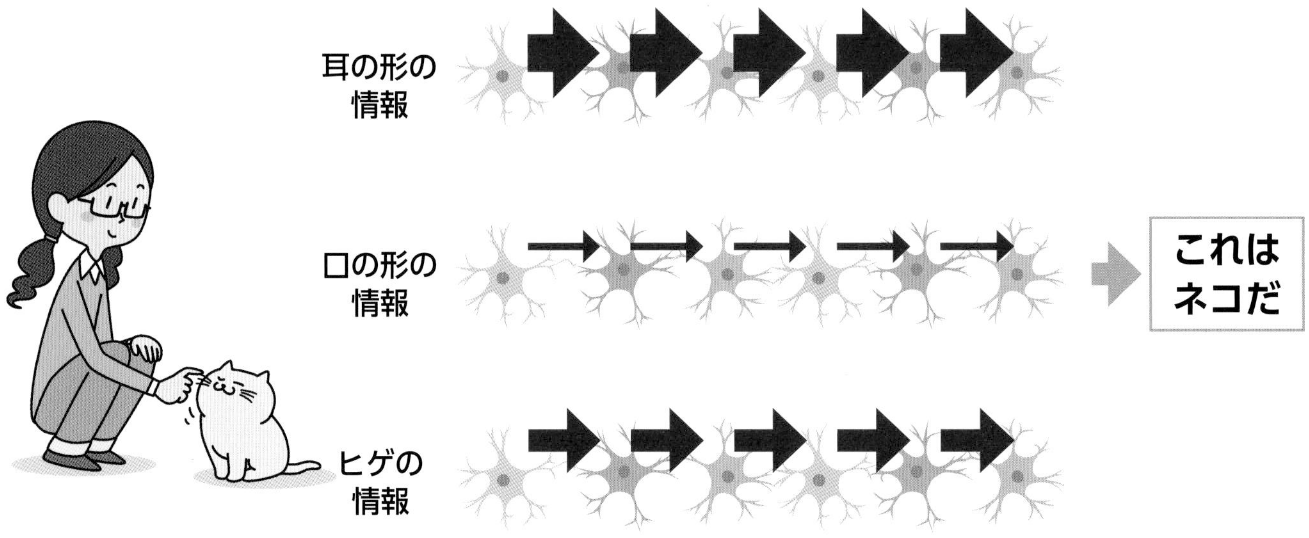

◎目から入った情報《じょうほう》は、色や形などの特徴《とくちょう》ごとに神経細胞《しんけいさいぼう》を伝わっていく。
◎重要な情報はたくさん伝達物質《でんたつぶっしつ》が伝わり、それほど重要でない情報は少ない伝達物質しか伝わらない。

脳《のう》も学習している

リンゴを見たことのない人には、本物のリンゴを見せても、リンゴだとは判断《はんだん》できません。子どもは、はじめてリンゴを見ても、それがわからず、大人に「これは何？」とたずねます。大人は「リンゴだよ」と教えてくれます。そうすると、「これはリンゴだ」と学習するのです。しかし、そのリンゴがとても小さいリンゴだったとして、その次に、とても大きなリンゴを見ると、「大きさがぜんぜん違《ちが》うから、これはリンゴではないかもしれない」と子どもは考えます。そして「これは何？」と大人にたずね、「これもリンゴだよ」と教えられます。そうすると、「リンゴかどうかは、大きさとはあまり関係ない」ことを学習します。

このようにして、「リンゴとはどんなものか」ということを、より正しく判断できるようになっていきます。これが学習です。

この時、「リンゴかどうか判断するために重要なのは大きさではない」ということがわかったので、脳《のう》の中では、大きさを伝える神《しん》経細胞《けいさいぼう》は情報《じょうほう》を伝える量を減《へ》らしていきます。逆《ぎゃく》に、「赤いかどうか」が重要だとなると、色を伝える神経細胞は、より多くの情報を伝えるようになります。

これが「重みづけ」と呼《よ》ばれるものです。目の前にある物体がリンゴかどうかを判断するためには、大きさの情報よりも、色の情報のほうが重要だと「重みづけ」を変化させていくのです。

人間の脳もAIも学習することで正しい判断ができるようになることは同じです。しかし、人間は「少ない」リンゴを見るだけでも学習できるのに対して、AIの機械学習では「たくさん」のリンゴを見る必要があるという点が大きな違いなのです。

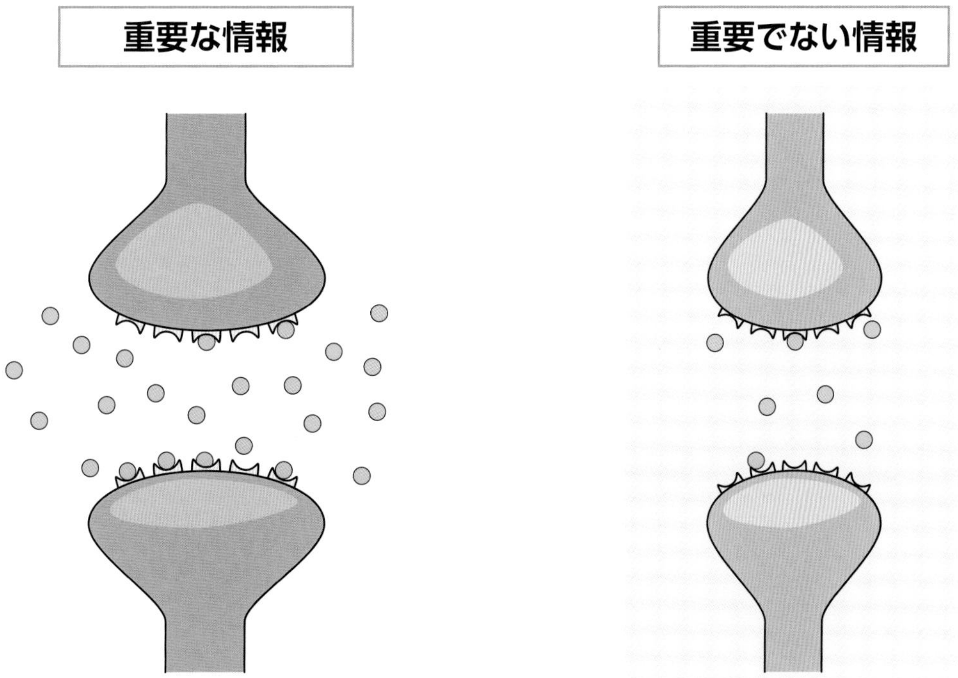

重要な情報《じょうほう》を伝える時は、たくさんの神経伝達物質《しんけいでんたつぶっしつ》が伝わるが、
重要でない情報の時は、神経伝達物質が少なくなる。

2 ニューラルネットワークの仕組み

脳《のう》と似《に》た仕組みで“考える”ニューラルネットワーク

人間は、何かの刺激《しげき》を受け取って、その刺激がどんなものなのかを脳《のう》の中で“考え”ます。犬や猫《ねこ》を見る、という刺激は目から受け取り、匂《にお》いという刺激は鼻から受け取り、音という刺激は耳から受け取ります。

目で何かを見ると、その“何か”の色や形などを脳へ送り、脳の中では、たくさんの神《しん》経細胞《けいさいぼう》をたどって、最後には“これは猫だ”と判断《はんだん》しています。

ニューラルネットワークでは、神経細胞の仕組みを一種の電子回路だと考えるのです(実際には、電子回路ではありません)。

入力情報《じょうほう》として、猫の写真を読みこむと、その写真を、色や形などの細かい部分に切り分けて、それぞれを「かくれ層《そう》」というところにある電子回路に伝えます。この電子回路の1つひとつが、人間の脳でいう神経細胞にあたるものです。

ある情報を受け取った電子回路は、その情報が、猫かどうかを判断する上で重要な情報かどうかを計算し、計算結果がある一定の値《あたい》だった場合に、次の電子回路に伝えます。

情報を伝えられた電子回路は、別の電子回路からも情報を受け取って、それらの情報を合わせて、猫かどうかを判断する上で重要な情報かどうかを計算し、「重要だ」と判断されると、次の電子回路に情報を伝えます。

かくれ層の中には、たくさんの電子回路があるので、情報を伝える・計算する、という作業を何度も繰《く》り返《かえ》します。

そして、こうした作業を繰り返した結果として、最終的な出力層に、「猫である確率《かくりつ》が65%・犬である確率が35%と考えられる」という結果を出すのです。

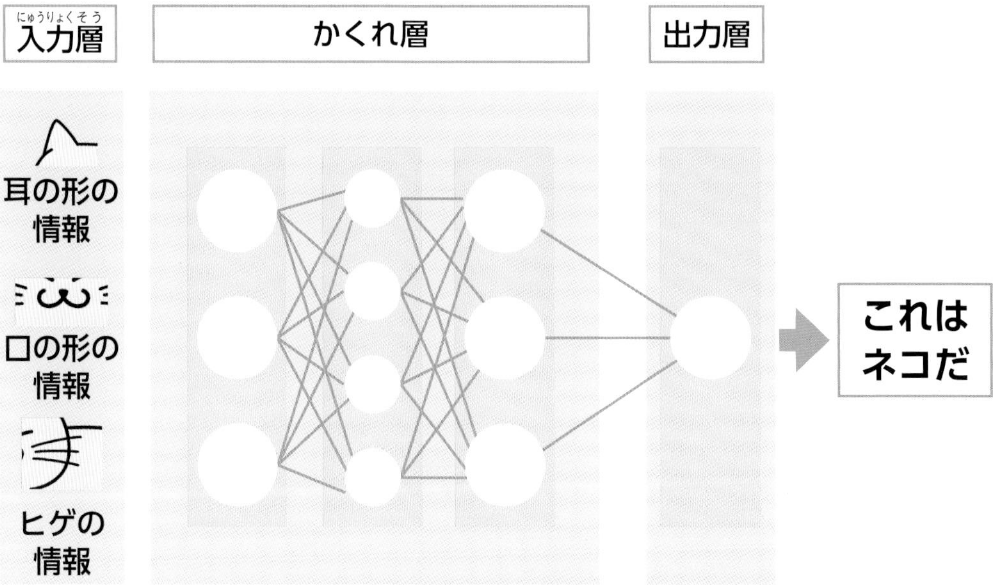

目から入った情報が神経細胞を伝達する仕組みを真似《まね》したのがニューラルネットワーク

電子回路が、神経細胞《しんけいさいぼう》のように働く仕組み

電子回路が働く仕組みを簡単《かんたん》に説明しましょう。

ある電子回路は、その手前にある２つの電子回路から情報《じょうほう》を受け取るとします。

受け取る情報は、「1」か「0」とします。ある電子回路では、「2つの情報のうち、どちらかが０だったら、０を次の電子回路に伝え、２つとも１だったら、１を伝える」と決められている場合、受け取る２つの情報の組み合わせによって、次の電子回路に伝える情報が変わってきます。「0.0」が入ってきた場合と、「1.0」「0.1」が入ってきた場合は、次の電子回路に「0」という計算結果を伝えます。「1.1」が入ってきた時には、「1」を伝えます。

そして、いくつもの電子回路で決められた計算を行いながら、次の電子回路に伝えていくのです。

ここでは、話をわかりやすくするために、２つの情報が０か１かを計算する例を挙げました。しかし、実際《じっさい》の脳《のう》はもっとたくさんの情報を一度に取《と》り扱《あつか》うなど、とても複雑《ふくざつ》な働きをします。ニューラルネットワークも、脳の仕組みを真似《まね》しているので、たくさんの情報を取り扱う必要があり、複雑な計算ができるように設計《せっけい》されているのです。

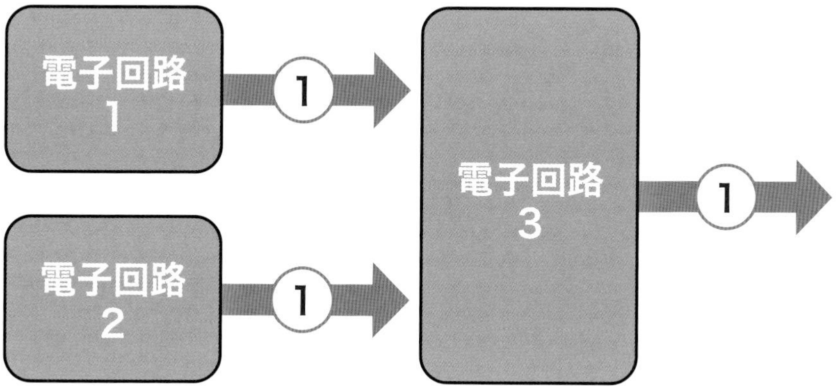

電子回路１と２の両方から、「1」が伝わった場合のみ、電子回路３は、「1」を次の回路に伝える。

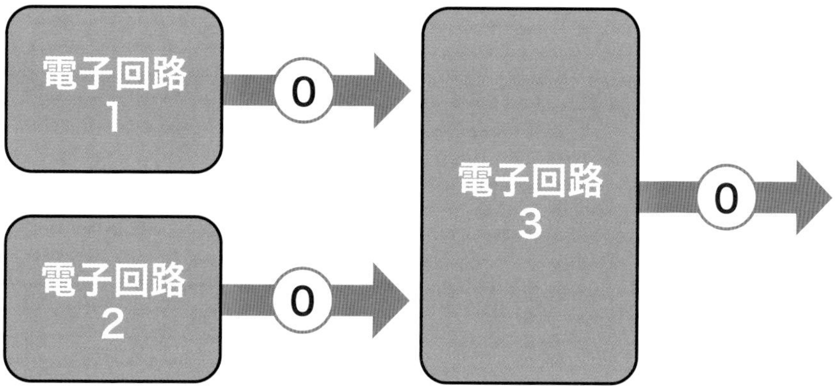

電子回路１と２のどちらかが、あるいは両方が「0」だった場合、電子回路３は、「0」を次の回路に伝える。

電子回路の計算結果ごとに重みづけを変える

ニューラルネットワークのかくれ層《そう》の中にある電子回路には、受け取った情報《じょうほう》を計算するための計算式と、その答えとなる値《あたい》が一定以上だった場合に、次の電子回路に計算結果を伝えることが設定《せってい》されているのですが、それとあわせて、その情報がどれほど重要かを判断《はんだん》するための「重みづけ」も設定されます。

ある電子回路を伝わってくる情報は、犬か猫《ねこ》かを判断する上でとても重要なので、計算結果を1.5倍にする、とか、あまり重要ではないので、0.5倍にする、といったものが重みづけです。重みづけによって、計算結果を修正《しゅうせい》して、より正しい答えが出せるように調整するのです。正しい答えを出すための調整の方法は重みづけのほかにもありますが、難《むずか》しくなるので、ここでは省きます。

たとえば、Aの電子回路を伝わる情報は重要なので、重みづけは1.5倍、Bの電子回路はそれほど重要ではないので、0.5倍という重みづけがなされていた場合、A、Bとも計算結果が10だったとしても、次の電子回路に伝えられる計算結果は、Aの場合は15になり、Bの場合は5になるのです。

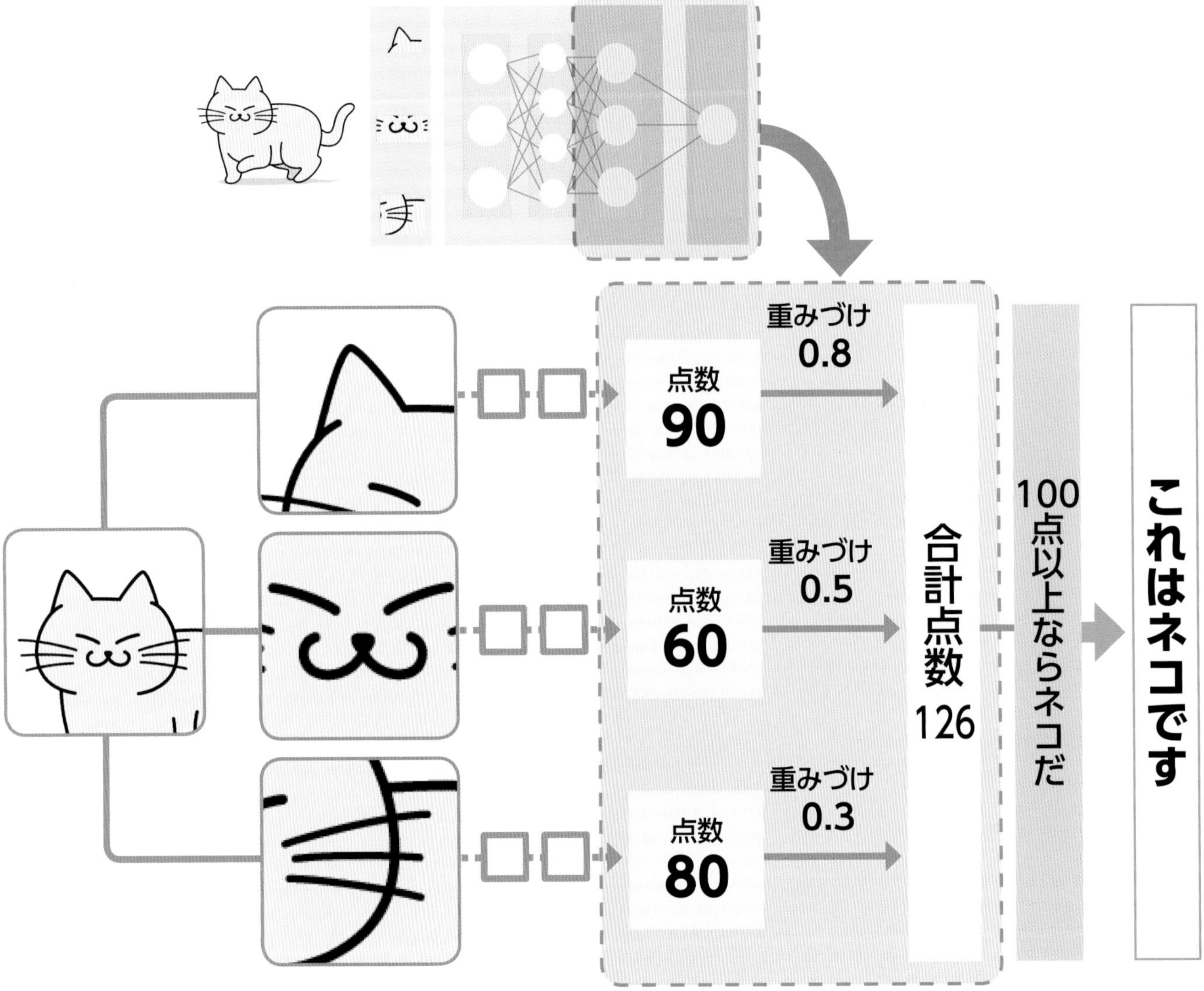

ニューラルネットワークは、学習によって“重みづけ”を自動で変える

　ニューラルネットワークがすごいのは、より正しい答えを出すために､この「重みづけ」の値《あたい》を自動で変更《へんこう》・調整する点にあります。

　たとえば、画像《がぞう》を読みこんで、「犬か猫《ねこ》か」を分類するニューラルネットワークが、ある写真を読みこんで、何層《なんそう》ものかくれ層を伝わって、最後に「犬である確率《かくりつ》が55%、猫である確率が45%」と判断《はんだん》したけれど、実《じっ》際《さい》には「猫」だったという場合、そのニューラルネットワークは、出力結果からさかのぼって、その途中《とちゅう》にある電子回路の「重みづけ」などを少しずつ変えていき、いま答えを間違《まちが》った猫の写真を、正しく「猫だ」と答えられるようにするのです。ニューラルネットワークは、答えを間違えるたびに、こうした調整を行っていきます。

　つまり、学習すればするほど、より正確《せいかく》な判断ができるようになっていくのです。人間が重みづけなどを調整しなくても、ニューラルネットワーク自身が、自動でやってくれるのです。これが、ニューラルネットワークやディープラーニングにおける“学習”の考え方です。

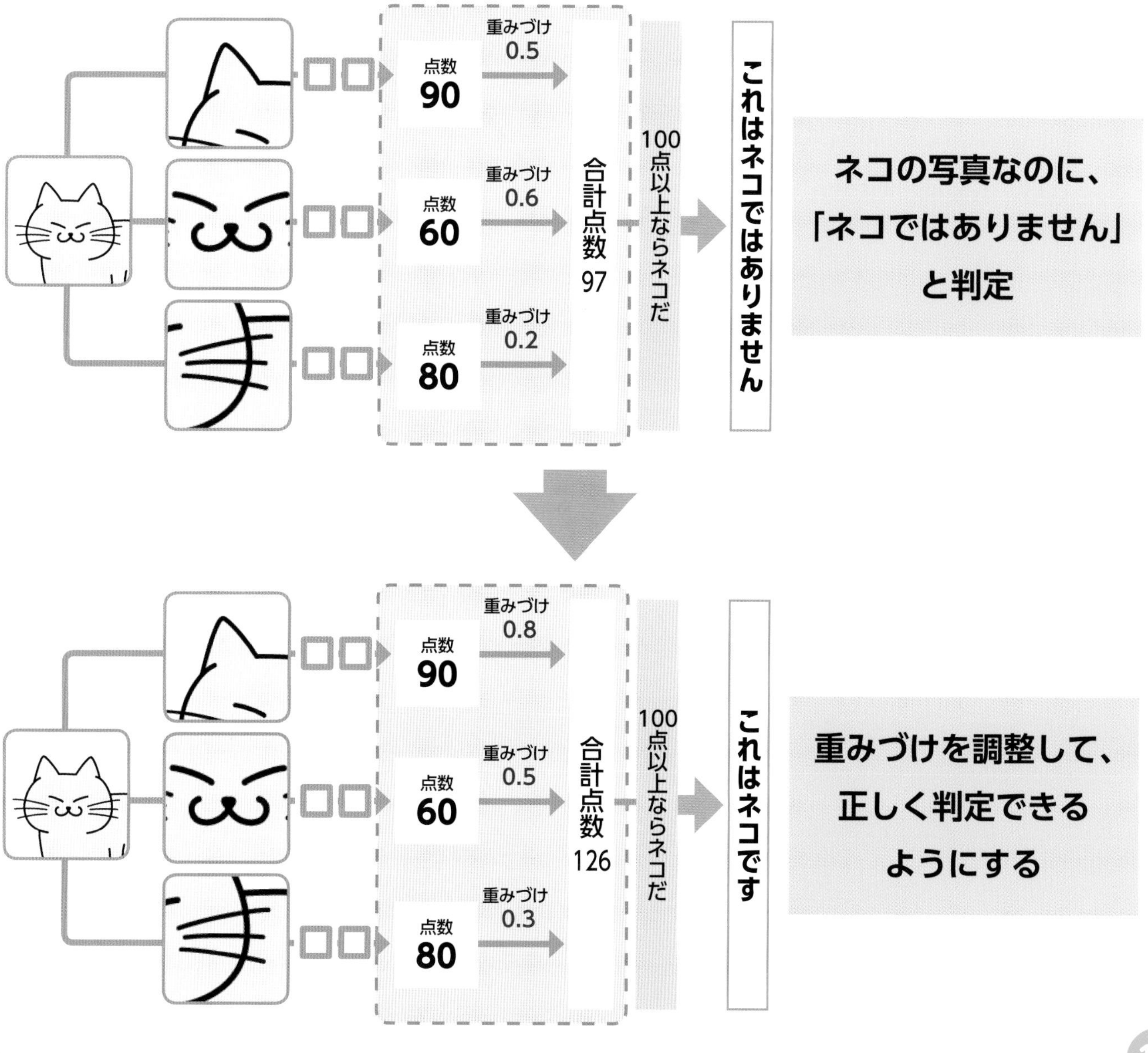

コラム

ニューラルネットワークの問題点

失敗を重ねたほうが、より正しい答えを出せるようになる

ニューラルネットワークで、より正しい答えが出せるようにするためには、たくさんの正解《せいかい》とあわせて、たくさんの失敗をしたほうがよいといわれています。

失敗を繰《く》り返《かえ》すことによって、重みづけなどの調整が、よりしっかりと行われるため、正しい答えにたどり着く可能性《かのうせい》が高まるのです。

かくれ層《そう》が深くなればなるほど、「なぜ、その答えが出たのか」が、わからなくなる

ニューラルネットワークの考え方を活用して、ディープラーニングという AI《エーアイ》 の仕組みが生み出されました。

ディープとは「深い」という意味で、ここでいう「深い」ということが、かくれ層《そう》といわれるものがたくさんあることを指しています。

ここで1つ問題が発生します。それは、かくれ層が多くなればなるほど、つまりディープラーニングの仕組みが深くなればなるほど、その AI が、最終的に答えにたどり着いた理由がわからないという問題です。これは「ブラックボックス問題」といわれています。

今でも、このブラックボックス問題を解決《かいけつ》するための研究（→ P.44 の「XAI《エックスエーアイ》」を参照）が進められているのです。

第2章

A《エー》I《アイ》活用の最前線

1 自動運転車

自動運転車の今と未来

もっとも身近なAI《エーアイ》の1つに自動運転車が挙げられます。世界中の自動車メーカーが自動運転車を研究開発していますが、今日、自動運転車の開発を進めているのは自動車メーカーだけではありません。AIを研究するIT《アイティー》企業《きぎょう》も、AIを活用できる分野として自動運転車の開発を進めています。

さて、ひと口に自動運転といっても、さまざまなレベルがあります。レベル分けについてもいろいろな分け方がありますが、日本では国土交通省《こくどこうつうしょう》が中心となって、自動運転のレベルを分類しています。

自動運転車という言葉を聞くと、人間が運転しなくても、自動でどこへでも行けるような車をイメージすると思いますが、実際《じっさい》にはレベルがあって、わたしたちがイメージするような、そうした自動運転車はおおむねレベル5ということになるでしょう。

今現在《げんざい》、レベル5の自動運転車はまだ存在しません。最近の自動車では、前を走る自動車が急停車したり、人が自動車の前に現《あらわ》れたりした場合に、自動でブレーキをかける自動ブレーキシステムを備《そな》えたものが増《ふ》えています。

しかし、衝突《しょうとつ》の危険《きけん》を察知《さっち》して自動でブレーキをかけるだけではレベル5の自動運転車とはいえません。

自動車は、「走る」「止まる」「曲がる」という3つの動作をしますが、自動ブレーキは、このうちの「止まる」を自動化しているに過《す》ぎません。「走る」「曲がる」ということについても、人間が運転することなく、自動でできるようにならなければ、レベル5の完全な自動運転とはいえないのです。

自動運転レベル

レベル 0	人間がすべての運転操作《そうさ》を行う。運転自動化なし。
レベル 1	ぶつかりそうになると自動で止まる、前の車のスピードに合わせて走行する、車線からはみ出さないといった運転支援《しえん》のうち、どれかができる。
レベル 2	レベル1で取り上げた機能《きのう》が、いくつも組み合わされており、ある範囲内《はんいない》で部分的に自動運転が実現《じつげん》している。
レベル 3	走る、止まる、曲がるといった自動車に必要な動きを基本的《きほんてき》には自動で行うが、自動運転機能では危険《きけん》な場合には人間が操作することか必要になる。条件付《じょうけんつ》き運転自動化。
レベル 4	高速道路など一定の条件が整っていれば、すべての運転操作を自動で行うことができる。
レベル 5	一定の条件がなくても、いつでもすべての運転操作を自動で行う。

一部の企業や研究者が完全な自動運転車の開発を目指してがんばっています。しかし、運転を完全に自動化して、目的地を自動車に教えるだけで、勝手に目的地まで走れる自動運転車の開発は、とても大変なことなのです。

たとえば、わたしたち人間は、自動車を運転している時に道路の脇《わき》から小さなボールが転がってきたら、そのボールを追いかけて子どもが飛び出してくるのではないかと予測《よそく》し、子どもの姿《すがた》が見えないうちからブレーキを踏《ふ》んで止まる、ということができます。

しかし、機械には「ボールが転がってきたら、次には子どもが飛び出してくるかもしれない」という予測をすることはできません。そこで、AI を使って、そうしたいろいろな場面（これは無数にあります）をプログラムに組みこんだり、機械学習を利用して、自動車に搭載《とうさい》した AI 自体が、そうした危険を覚えられるようにする必要があります。

自動運転のための AI の開発はかなり進んでいますが、それでも現時点では、まだ完全な自動運転車はできていないのです。

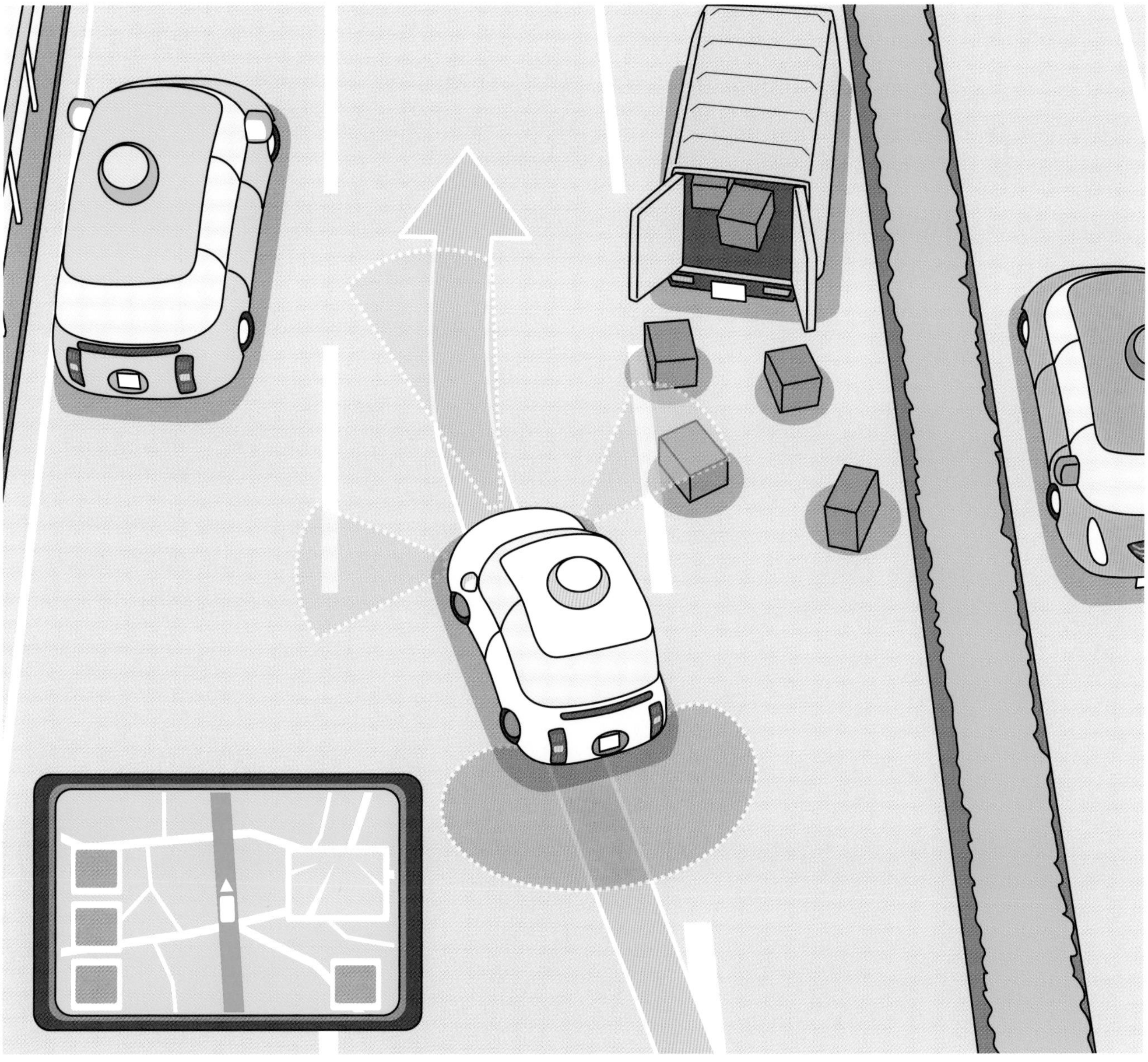

GPS《ジーピーエス》（全地球測位《そくい》システム）で、目的地まで自動で走ることはもちろん、カメラやレーザーなどのセンサーで障害物《しょうがいぶつ》を避《さ》けながら走ることができる。

2 医療《いりょう》に役立つAI《エーアイ》

病院内のあちこちに AI《エーアイ》が使われる時代

病院では、医師《いし》が直接《ちょくせつ》、患者《かんじゃ》と話をして、「どんな症状《しょうじょう》なのか（どこが痛《いた》いのか）」などを聞いた上で、どんな病気の可能性《かのうせい》があるのかを、ある程度《ていど》判断《はんだん》します。そして必要なら検査《けんさ》を行い、その結果に基《もと》づいて、病気が何であるのかを診断《しんだん》します。

病気が何かわかったら、手術《しゅじゅつ》をしたり、薬を処方《しょほう》したりするなどして、治療《ちりょう》を行います。

これまでは、こうした最初の診断から、検査、治療までを、人間の医師が行うのが普通《ふつう》でした。

しかし最近では、AI《エーアイ》が医師に代わって、こうした診断にかかわる作業の一部を行うことができるようになってきました。

たとえば、最初の診断については、まずAIによる問診ができるようになっています。

問診というのは、患者にいろいろな質問《しつもん》をして、その答えによって、その患者の体の状《じょう》態《たい》や病気の可能性などを探《さぐ》ることです。

第2次AIブームの時に注目されたエキスパートシステムの中には、患者の症状などについての質問に答えていくことで、どんな病気なのかを判断できるものがありました。

問診などによって、ある程度、病気の可能性が絞《しぼ》りこまれたら、血液《けつえき》検査やレントゲン検査などを行って、より正確《せいかく》な病気の発見に進みます。

血液検査では、血液にふくまれるいろいろな成分の量など多くの検査項目《こうもく》があり、健康な人の血液と比《くら》べて、どの成分が多いか少ないかで、どこに病気の元があるのかをある程度調べることができるのです。

レントゲン検査などでは、体の中の状態を写真に撮って調べることで、病気の元がどこにあるのかを調べるのです。健康な人にはない“何か”を写真で発見するのです。

こうした検査結果の判断は、これまでは医師などの人間が行っていましたが、現在《げんざい》では、AIが行えるようになっています。ディープラーニングなどの高度な仕組みが活用されることで、より正確な診断ができるようになっているのです。

この仕組みは、「診断支援《しえん》AI」などと呼《よ》ばれます。もちろん、現在では、AIの診断結果をそのまま医師が信じて、すぐに治療をしたりするわけではなく、あくまでも参考として活用するだけで、最終的な診断は医師が行います。

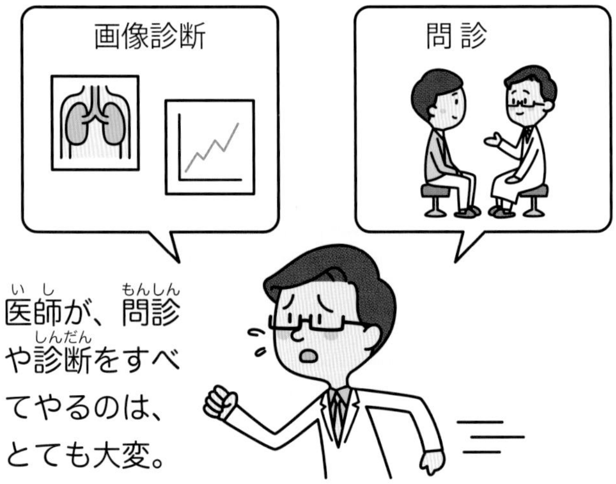

たとえ専門的《せんもんてき》な知識《ちしき》を豊富《ほうふ》にもっている医師であっても、人間である以上、見落としや見逃《みのが》しが絶対《ぜったい》にないとはいえません。

そこで、検査結果についての見落としや見逃しを、できるだけ少なくするためにAIを活用するのです。

AIの“目”で見たほうが、人間の目で見るよりも、病気の元が小さすぎるために見逃してしまうといった危険性《きけんせい》を少なくすることができるのです。

もちろん現在のところは、AIであっても100%病気の元を発見できるとは限《かぎ》りません。そのため、医師とAIが一緒《いっしょ》に病気の発見につとめることで、正確性《せいかくせい》を高めることができるのです。

病院の検査機器には、レントゲンのほかに、CT《シーティー》（コンピューター断層撮影《だんそうさつえい》）装置《そうち》やMRI《エムアールアイ》（磁気共鳴画像《じききょうめいがぞう》）装置など、さまざまな検査機器がありますが、最近ではこうした検査機器にAIが組みこまれ、過去《かこ》の検査画像《がぞう》などを大量に読みこんで学習し、とても小さな病気の元でもAIによって発見できるようになってきています。

やがては、手術《しゅじゅつ》もAI《エーアイ》が行う!?

今はまだ実用化されていませんが、やがては手術《しゅじゅつ》の一部をAI《エーアイ》がやれるようになるでしょう。

現在《げんざい》でも、手術用のロボットは開発されています。これは、何本ものアームをもっていて、手術に必要ないろいろな道具がアームの先についています。それを医師《いし》がコントロール装置《そうち》を使って操作《そうさ》し、手術が行えるようになっています。人間の手は、じっとしていても、ほんの少しふるえてしまったりすることがありますが、ロボットアームはふるえたりしません。ですから、医師がコントロール装置を使うことで、より正確《せいかく》に細かい作業ができるという利点があります。

そして、この手術用のロボットが、実際《じっさい》の手術の手順などをデータとして記録し、AIに取りこむことで、やがてはごく簡単《かんたん》な手術《しゅじゅつ》なら医師の手順をAIロボットが再現《さいげん》することができるようになるでしょう。

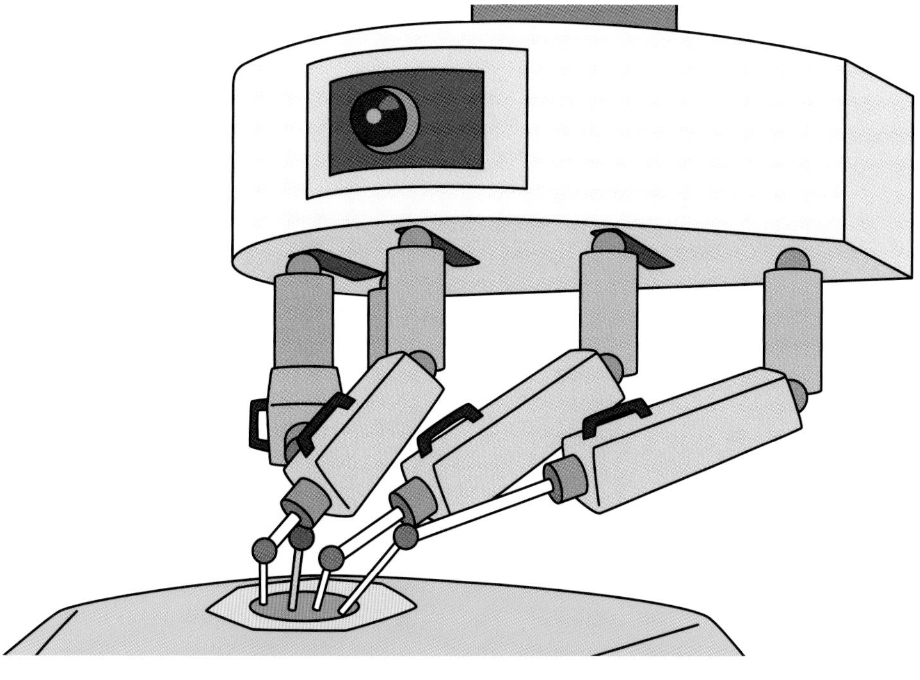

3 AI《エーアイ》の活用で医療《いりょう》がもっと便利になる

AI《エーアイ》の問診《もんしん》が増《ふ》えれば、待ち時間が減《へ》る

病院での検査《けんさ》や診察《しんさつ》、治療《ちりょう》などには、どうしても時間がかかります。

そのため、病院に行くと長い時間待たされることも少なくありません。

今、日本では医師《いし》が不足しているともいわれ、それも待ち時間が長くなる原因《げんいん》だといわれています。

しかし、それは、すべての検査や診察、治療を医師が行っているからでもあります。

すでに説明したように、AI《エーアイ》による問診などが普及《ふきゅう》すれば、こうした待ち時間は減《へ》らすことができるでしょう。

さらに、病院に行かずに自宅《じたく》で問診をして、ある程度《ていど》どんな病気の可能性《かのうせい》があるのかがわかった状態で病院に行けば、医師の負担《ふたん》が減るので、長い待ち時間などは解消《かいしょう》されるでしょう。

自分専用《せんよう》の治療薬《ちりょうやく》を作れるようになる

ゲノムという言葉を聞いたことがあるでしょうか。ゲノムとは遺伝子《いでんし》に関する情報《じょうほう》のことをいいます。

遺伝子というのは、生物の体を形作るための設計図《せっけいず》のようなものです。この設計図は、個人《こじん》個人で違《ちが》っています。その違いが顔の違いや体つきの違いとなって表れますが、体質《たいしつ》などの違いも生み出しています。

個人の体つきや体質の違いを生み出す設計図に関するすべての情報がゲノムです。

最近では、このゲノムを分析《ぶんせき》して、個人個人の体質などに合った、最適《さいてき》な薬を作る研究が進んでいます。

ゲノムという遺伝子情報はとても膨大《ぼうだい》なので、その分析にはAI《エーアイ》が使われます。

ゲノムを詳《くわ》しく分析することで、その人にはどんな薬がよく効《き》くのかを発見することが可能《かのう》になります。つまり、あなたのゲノムを分析することで、あなたによく効く、あなた専用《せんよう》の薬を作ることが可能になるのです。

これは、「ゲノム創薬《そうやく》」といわれます。AIが高度化したことで、こうしたことも可能になっているのです。

4 健康管理もAI《エーアイ》が行う時代

ふだんの健康状態《じょうたい》をAI《エーアイ》がチェック

病院などの医療現場《いりょうげんば》では、いろいろな場面でAI《エーアイ》が活用されるようになっていますが、ふだんのわたしたちの健康管理にも、すでにAIが活用されています。

最近、スマートウォッチと呼《よ》ばれる腕時計《うでどけい》が販売《はんばい》されています。時間を知るという腕時計の、もともとの機能《きのう》のほかに、血圧《けつあつ》や心拍《しんぱく》数《すう》といった健康管理に役立つ情報《じょうほう》をスマートウォッチで計測《けいそく》することができます。

スマートウォッチで計測された血圧や心拍数などのデータは、あらかじめ設定《せってい》しておいたスマートフォンのアプリやパソコンなどに送られ、記録されていきます。

少しでも異常《いじょう》な数値《すうち》があると、AIがそれを検知《けんち》して、健康状態《じょうたい》に問題がある可能性《かのうせい》を指摘《してき》してくれます。

病気を治す上では、早期発見ということがとても大事だといわれます。そして、どこかが痛《いた》いとか体がだるいとかいったはっきりした症状《しょうじょう》がない段階《だんかい》でも、血圧や心拍数の数値から、病気の可能性を早期発見できるのです。

健康のための運動もアドバイスする

スマートウォッチの中には、運動量などを計測《けいそく》したり、健康を維持《いじ》するために、日々どれくらいの運動が必要かをアドバイスしてくれる機能《きのう》が備《そな》わったものもあります。

たとえば、「健康維持のために、1日1時間歩きましょう」といった運動量の目標などをアドバイスしてくれたり、実際《じっさい》に歩いた時間を計測し、目標に足りていないことを教えてくれたりします。

AI《エーアイ》につながったウェアラブル機器が豊富《ほうふ》になった

スマートウォッチは腕時計型《うでどけいがた》の機器ですが、体につけることで、体のいろいろな情報《じょうほう》を計測《けいそく》し、健康管理をしてくれるこのような機器は、腕時計型のもの以外もたくさん登場してきています。これらは「ウェアラブル機器」といいます。

メガネやスニーカーなどのウェアラブル機器もありますし、衣類にもこうした機能が搭《とう》載《さい》されたものが出始めています。

5 バーチャルアシスタントの実現《じつげん》①
～書き言葉を理解《りかい》するAI《エーアイ》～

実際《じっさい》に使われている バーチャルアシスタント

「AI《エーアイ》 アシスタント」とも呼《よ》ばれることがあるバーチャルアシスタントとは、その名の通り、AI を活用して、人間に代わっていろいろなことを手助けするソフトウェアや、そうしたソフトウェアを搭載《とうさい》した電子機器です。

わたしたちに身近で、わかりやすいバーチャルアシスタントの例としては、スマートスピーカーが挙げられます。

話しかけるだけで、テレビをつけたり、照明を消したり、今日の天気を教えてくれたりします。まさに、わたしたち人間に代わって、いろいろなことを手助けしてくれるバーチャルアシスタントはすでに実用化され、わたしたちの身近なところで活躍《かつやく》しています。

ここからは、代表的なバーチャルアシスタントについて、見ていくことにします。

翻訳《ほんやく》してくれる バーチャルアシスタント

インターネットが発達していく中で、日本語を英語などの外国語に訳《やく》したり、逆《ぎゃく》に外国語を日本語に訳したりする「翻訳《ほんやく》」といわれる機能《きのう》が発達しています。インターネットの検索《けんさく》サイトであるGoogle《グーグル》には、「Google 翻訳」というサービスがあり、使ったことのある人も多いことでしょう。

こうした「翻訳」サービスは、まさにバーチャル“翻訳”アシスタントだといえます。

最近の翻訳サービスはうまく使えばとても正確《せいかく》な翻訳ができるようになっていますが、その正確な翻訳を支《ささ》えているのは AI《エーアイ》 なのです。たとえば、Google 翻訳ではディープラーニングを活用して、翻訳の正確性《せいかくせい》を高めています。

以前の翻訳では、日本語の文章と、英語の文章のルールを AI に学ばせて、そのルールに従《したが》って翻訳していました。また、過去《かこ》の文例を参考にして、より多く使われる翻訳を当てはめたりしていました。しかし、この方法では、その文章が何についての文章なのかがわからずに、間違《まちが》った翻訳になることもありました。

たとえば、「これはいくらですか？」という文章があった場合、ある物の値段《ねだん》を聞いているとも読めますし、ある物が食べ物のイクラかどうかを確認《かくにん》しているとも読めます。この一文だけでは、どちらの意味かわかりませんが、この前後にどんな文章があるのかを見れば、どちらの意味なのかが正確《せいかく》に判断《はんだん》できるでしょう。たとえば、この文章の前に「アキラくんは、おもちゃ屋さんへ行き、以前からほしかったプラモデルを手にとって、いいました」という文章があったとすると、この「これはいくらですか？」は、プラモデルの値段《ねだん》を聞いているのだとわかります。機械学習とビッグデータを活用することによって、このように、文章全体を読みこんだ上で、その文章が何についての文章なのかを判断《はんだん》し、内容《ないよう》にふさわしい翻訳ができるようになったのです。

迷惑《めいわく》メールを自動で分類するバーチャルアシスタント

パソコンのメールを使ったことのある人にはわかると思いますが、最近のパソコンで使われているメールソフトでは、いわゆる迷惑《めいわく》メールを自動的に分類する機能《きのう》がついているものが多くあります。

迷惑メールというのは、利用者が「送ってほしい」といったわけでもないのに、勝手に送り付けてくるようなメールのことです。

迷惑メールの中にはコンピューターウイルスなどがふくまれていて、受信したパソコンを壊《こわ》してしまうような危険《きけん》なメールもあるのです。そうした“迷惑”なメールを、そうでないメールと区別してくれるのが、迷惑メールの自動分類機能ですが、その機能の実現《じつげん》にもAI《エーアイ》の機械学習が使われています。

迷惑メールを分類するAIでは、まず迷惑メールと、そうでないメールのデータを大量に学習させ、迷惑メールでよく使われる単語を辞書データとして組みこんでおきます。

そして、あるメールを受信した時に、そのメールに書かれている文章を単語に切り分けて、迷惑メールに使われる単語がどれくらいふくまれているかを、辞書の単語と照らし合わせて分析《ぶんせき》し、その数が一定量をこえた場合に、「これは迷惑メールだ」と判断《はんだん》するのです。

分類するAI《エー アイ》は、いろいろな場面で使われている

このように、文章を読みこんで、その文章の中にある単語を１つひとつ分析《ぶんせき》して、何かの基準《きじゅん》で分類する機能《きのう》は、迷惑《めいわく》メールの分類だけでなく、いろいろな場面で利用されています。

たとえば、インターネット上で公開されているいろいろな文章について、それがスポーツについて書かれている文章なのか、料理について書かれている文章なのかを分析して分類するようなことにも使われます。

たくさんの文章を読みこんで、スポーツに関する記事でよく使われる単語は何か、料理に関する記事でよく使われる単語は何か、ということを辞書として持っていることにより、分類が可能《かのう》になるのです。

こうした分類をより正確《せいかく》に行うAI《エーアイ》でも、ディープラーニングのような最新の機械学習が活用されています。そして、大量のデータを学習することで、より分類の正確性《せいかくせい》を高めることができるのです。

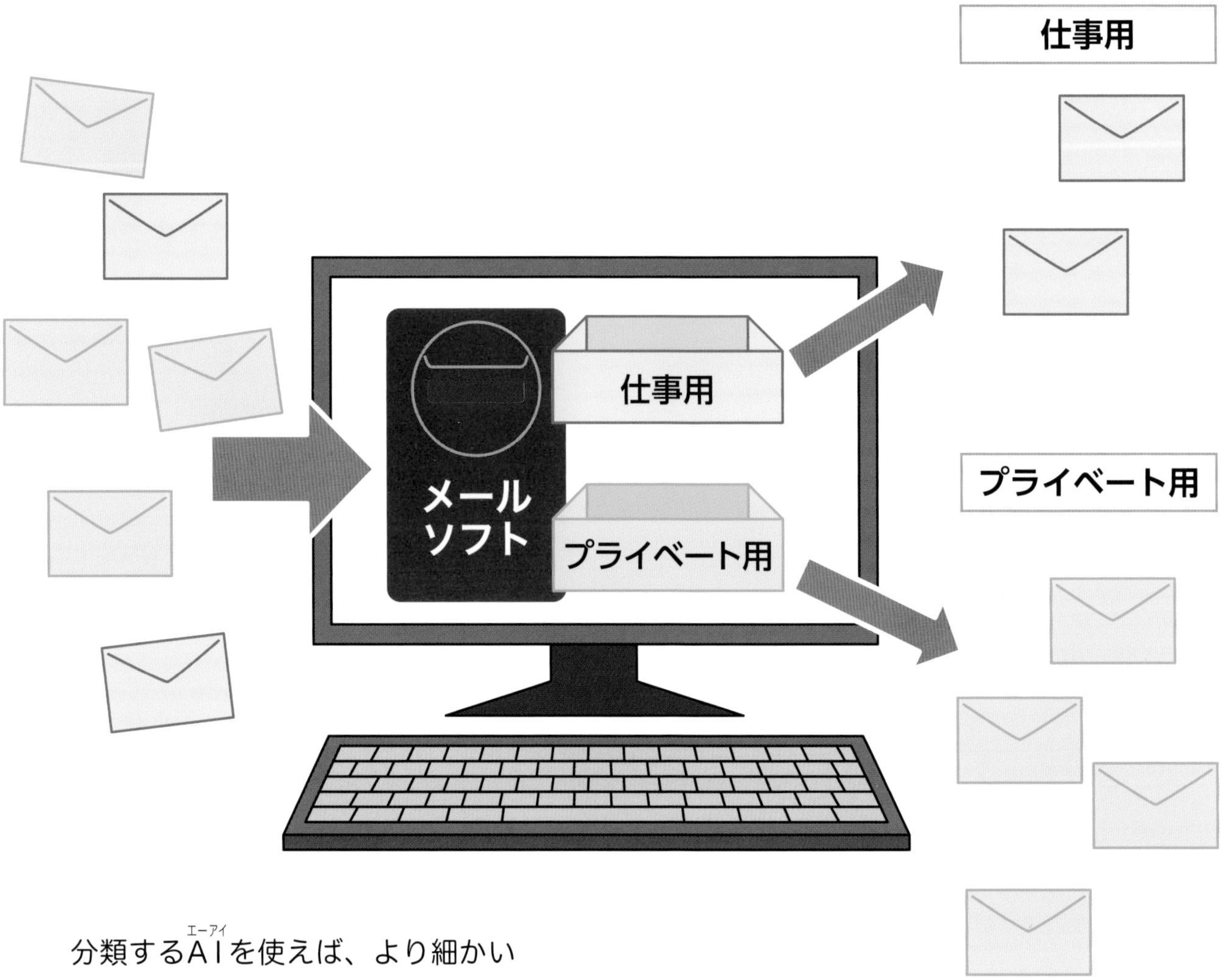

分類するAI《エーアイ》を使えば、より細かいメールの分類もできる。

6 バーチャルアシスタントの実現《じつげん》②
～受け答えができるAI《エーアイ》～

質問《しつもん》に答えてくれるAI《エーアイ》

バーチャルアシスタントの代表例であるスマートスピーカーの場合、すでに説明したような翻訳《ほんやく》や分類などの処理《しょり》を、話し言葉を聞いて実行してくれます。

たとえば、スマートスピーカーに向かって、「明日の天気はどうなっているの？」と質問《しつもん》すると、「明日は晴れるでしょう」と答えが返ってきます。

なぜ、そんなことができるのかは、文章を理解《りかい》する仕組みとほぼ同じです。

話し言葉で「明日の天気はどうなっているの」と質問されると、AI《エーアイ》は、「明日」「の」「天気」「どうなっているの」というように、単語に分解し、明日がどういうものか、天気とは何か、どうなっているのという言葉が何を求めているのかを、自分の持っている辞書に照らし合わせたり、過去《かこ》の膨大《ぼうだい》なデータと照らし合わせたりして、何を答えるべきかを判《はん》断《だん》します。

さらに、その答えるべき事柄《ことがら》をどこから見つけてくるのかについてもスマートスピーカーの AI には組みこまれていて、天気を質問された時には、天気予報《よほう》の Web《ウェブ》 サイトへ行って、天気情報《じょうほう》を取得し、「明日は晴れです」という答えを返してくれるのです。

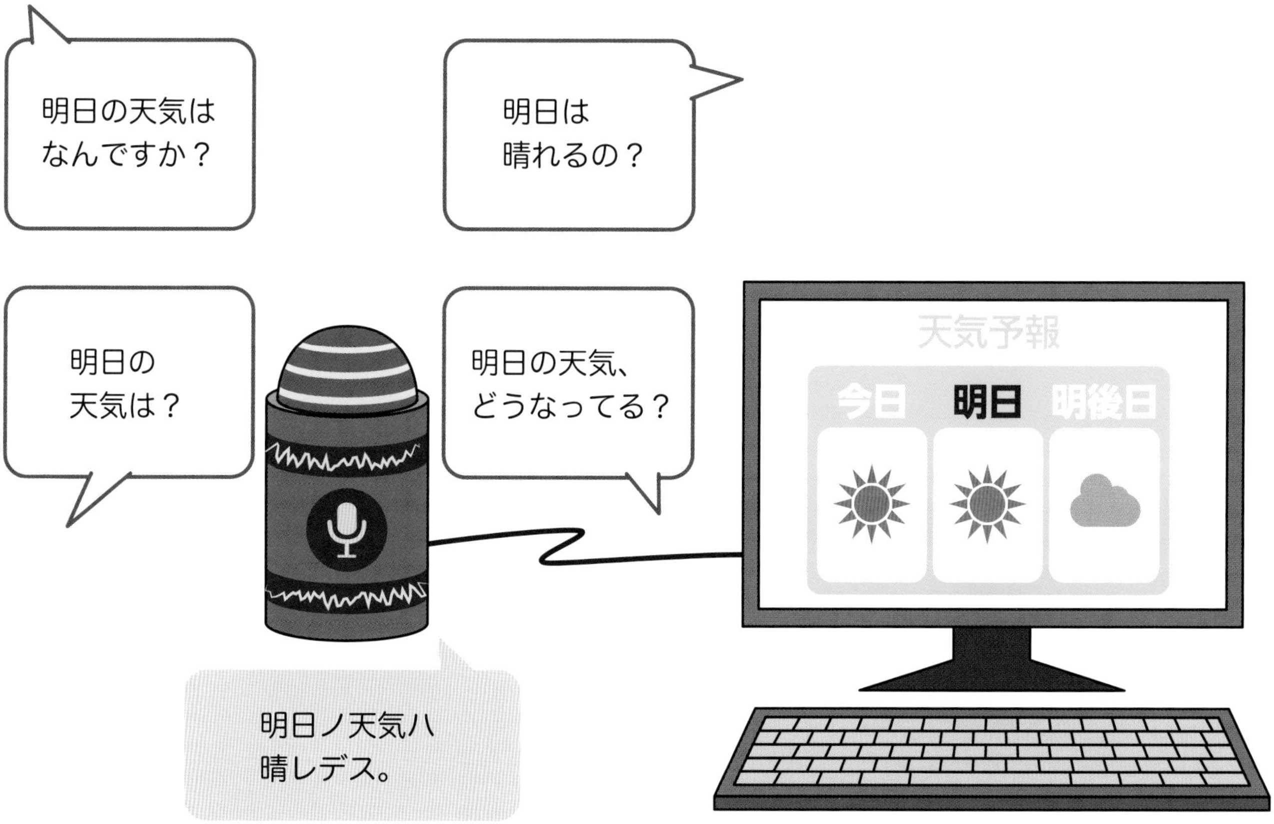

質問《しつもん》に答えるよりも難《むずか》しい会話

　日本マイクロソフト社が開発した「りんな」や、アップル社が開発した「Siri（シリ）」などは、単に質問《しつもん》に答えるだけでなく、必ずしも「答え」を必要としていないような話し言葉に対しても、なんらかの発言を返してくれます。

　しかも、どんな発言を返すのかについても、いろいろな返し方をもっていて、会話としてどんな発言をするのがよいかを判断《はんだん》して、発言を決めています。まさに、話し相手になってくれるバーチャルアシスタントだといえるでしょう。

　たとえば、「明日、晴れるといいな」と話しかけた場合、質問に答えるだけのAI《エーアイ》ならば、「明日」「晴れる」「いいな」という単語から、天気を知りたがっていると判断して、「明日は晴れです」と答えることでしょう。

　しかし会話型のAIの場合には、違《ちが》った受け答えをすることがあります。

　たとえば「明日、晴れるかなあ」というと、「明日、デートでもあるの？」などと返してくれたりします。

　これは決して、AIがあなたの様子を見て、「デートの予定でもあるのかな」と考えたわけではないのです。

　AIが会話を学習する際《さい》に、膨大《ぼうだい》な会話のデータを読みこみ、「明日の天気」を気にする場合には、何かイベントがあることが多いという、天気とイベントの関係性《かんけいせい》を会話データの分析《ぶんせき》によって判断《はんだん》しているのです。また、イベントの多くはデートであることが多いという分析結果があれば、「明日、何かイベントがあるの？」という受け答えではなく、「明日、デートでもあるの？」という受け答えが、会話としてもっともふさわしいと判断しているのです。

　会話型のAIは、膨大な会話データを学習して、どんな発言に対して、どんな受け答えをすることが、会話としてもっとも適切《てきせつ》か（人間らしいか）を分析・判断しているに過《す》ぎないのです。

　大量のデータを学習し、その中にある言葉と言葉の関係性や、文章と文章の関係性などのつながりの強さなどに基《もと》づいて、返し方を判断するのです。

　たとえば、「猫《ねこ》って、かわいいね」とあなたが発言した際《さい》、AIは、「猫」と関係性が強い言葉や文章は何かを、膨大な会話データから探《さが》します。そして、「猫」に関する会話の中では、「犬」が関係することが多い場合には、「犬もかわいいよね」と返してくれたりします。もちろん、単純《たんじゅん》に「そうですね。猫はかわいいですね」と返すこともできますし、「でも、猫って、わがままですよね」と返すこともできます。しかし、それができるのは、「猫と犬は同じようにかわいい」「猫はわがまま」といったたくさんの会話データを読みこんでいるからなのです。

　以上のことからわかるように、AIは人間の話したことをちゃんと理解して、返事をしているわけではないことに注意して下さい。

スマートスピーカーが家庭のバーチャルアシスタントになる

スマートスピーカーは、名前こそスピーカーですが、すでに説明した通り、音を“出す”スピーカーとしての機能《きのう》よりも、人間の話し言葉を“受け入れて”、その言葉を解釈《かいしゃく》し、適切《てきせつ》な反応《はんのう》をしてくれることのほうが重要な機能になっています。

現在《げんざい》では、さまざまなＩＴ《アイティー》企業《きぎょう》が、スマートスピーカーを開発・販売《はんばい》しており、たくさんの種類があります。そして、その多くは、家庭内にあるさまざまな家電製品《せいひん》とインターネットを通じて接続《せつぞく》され、それらの家電製品を操作《そうさ》することもできるようになっています。

スマートスピーカーに「テレビをつけて」と話しかけると、スマートスピーカーがテレビの電源《でんげん》を入れたり、「照明をつけて」と話しかけることで、部屋の照明をつけたりできるのです。以前はインターネットといえば、パソコンの画面上で、いろいろなホームページを見るためのものとして使われていました。しかし、今ではさまざまなモノが、インターネットを通じてさまざまな情報をやりとりできるようになっています。それによって家電の操作などもできるようになっているのです。このように、いろいろなモノをインターネットとつながるようにすることをIoT《アイオーティー》(モノのインターネット化)とよんでいます。

そしてスマートスピーカーは、インターネットとつながることによって、世界中のホームページから、たくさんの情報《じょうほう》を集めたりすることもできます。

天気が知りたいと思えば、スマートスピーカーに「天気を教えて」と話しかけるだけで、インターネット上の天気情報を確認して、わたしたちに教えてくれたりするのです。

このように、インターネットを通じて家電を操作したり、情報を集めたりする機能を備えたスマートスピーカーは、家の中のあれこれを手伝ってくれる“家族みんなのバーチャルアシスタント”だといえるでしょう。

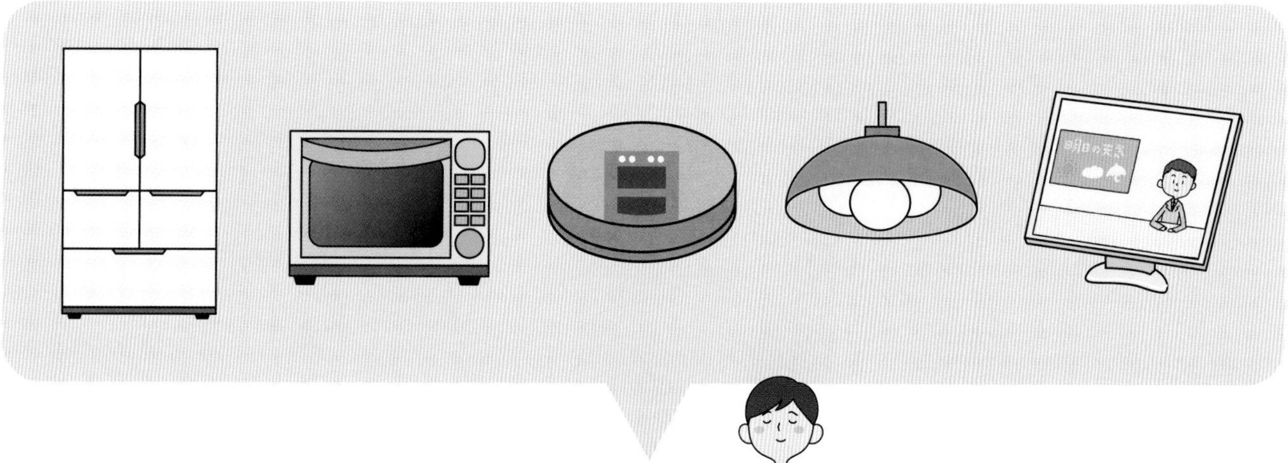

スマートスピーカーが召《め》し使《つか》いのようなバーチャルアシスタントになる。

キッチンの家電も AI化《エーアイか》している

キッチンにあるさまざまな家電製品《せいひん》にも、AI《エーアイ》を搭載《とうさい》したものが実用化されつつあります。電子レンジは、すでにAIを搭載した製品があります。使う食材や、中華《ちゅうか》・イタリアンなど希望の料理の分野を電子レンジの操作《そうさ》パネルから入力すると、電子レンジに搭載されたAIがメニューを教えてくれます。

また最近では、音声認識《にんしき》の機能《きのう》をもったAI搭載の電子レンジもあり、操作パネルを使わずに、話し言葉で「ご飯を温めて」とか、「お惣菜《そうざい》のコロッケを温めて」などと話しかけるだけで、電子レンジが温度や加熱時間を自動で判断《はんだん》してくれるようになっています。

最新のAIを搭載した電子レンジなら、多くの料理の作り方が記憶《きおく》されていて、インターネットにつながる機能があれば、もともと記憶されている料理だけでなく、インターネットを検索《けんさく》して、新しい料理の作り方なども教えてくれるようになっているものもあります。しかし、バーチャルアシスタント機能を備《そな》えたAIを搭載した電子レンジであれば、単に料理の種類が増《ふ》えるだけでなく、家族の健康状態《じょうたい》などを考えて、より健康的な料理を紹介《しょうかい》してくれたり、これまでに作った料理を記憶していて、「今日はどんな料理にしようかな」と話しかけると、家族の好み（これまでに作った料理）を考えて、「こんな料理はどうですか」と教えてくれたりするものもあります。

冷蔵庫《れいぞうこ》にもバーチャルアシスタント機能を備《そな》えたAIを搭載したものが登場し始めています。冷蔵庫の中にどんな食材がしまってあるのかによって、それらを使った料理を提案《ていあん》してくれたり、インターネットとつながっていれば、その日の天気や気候などに基《もと》づいて、寒い日には温かい料理をおすすめしてくれるという機能を備えたものも実用化されています。

リビングなどで活躍《かつやく》するAI《エーアイ》家電

快適《かいてき》な暮《く》らしを実現《じつげん》してくれるAI《エーアイ》搭載《とうさい》の家電は、まだまだたくさんあります。

AIを搭載したエアコンは、利用者がどんな操作《そうさ》をしたのかを記憶《きおく》して、より快適な室温調整をしてくれます。

普通《ふつう》のエアコンは、たとえば室温設定《せってい》を25度にすると、エアコンが吸《す》いこむ空気の温度を測定《そくてい》するなどして、それよりも高ければ、25度になるまで冷風を送り、25度になると、そのままの室温を維持《いじ》するような運転を自動でしてくれます。ところが、室内の高い場所に設置されたエアコンが測《はか》る室温と、床《ゆか》に近いところで生活している人間が感じる寒さや暖《あたた》かさに差が生じることがあります。設定温度が25度なので、エアコンは25度になるとそれ以上室温を下げないようにしますが、人間がさらに室温を下げるためにリモコンで23度に設定し直したりすることがあります。そうした操作を何度も繰《く》り返《かえ》していると、その操作をエアコンのAIが学習して、“25度に設定されたけど、もう少し室温が下がるようにしよう”とエアコンが判《はん》断《だん》して、より快適な室温になるようにしてくれます。

お掃除《そうじ》ロボットなどは、今では珍《めずら》しくなくなっています。センサーを使って部屋の形などを記憶し、部屋全体をまんべんなく掃除してくれることはもちろん、電池《でんち》が切れそうになれば、お掃除ロボット自体が、充電器《じゅうでんき》のある場所まで戻《もど》っていき、自分で充電を始めます。充電前にどこまで掃除したのかを記憶していますので、充電が完了《かんりょう》すると、その続きを掃除します。

最近では、会話ができるお掃除ロボットも登場しているようです。

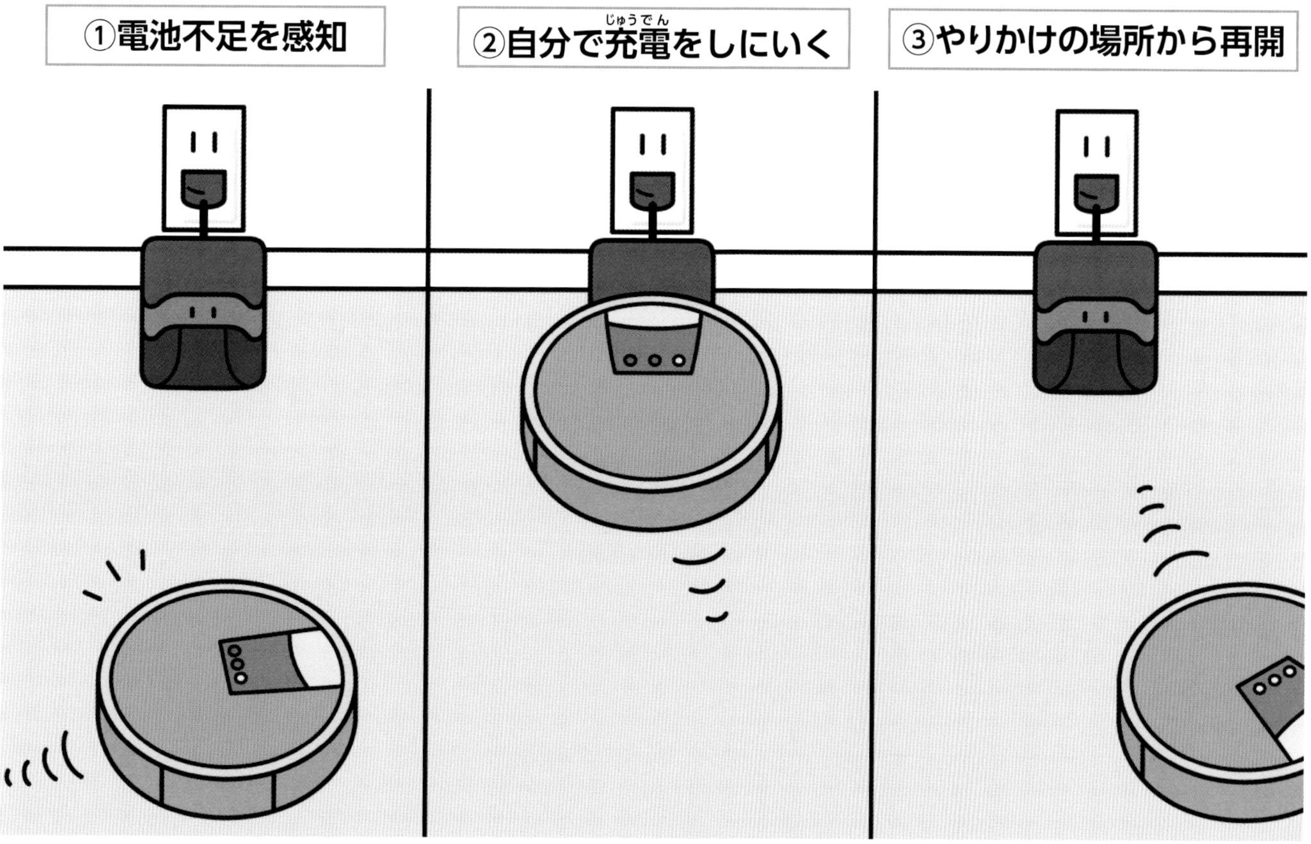

7 宇宙探査《うちゅうたんさ》とAI《エーアイ》

新しい惑星《わくせい》をAI《エーアイ》が発見

宇宙《うちゅう》には無数の惑星《わくせい》があります。宇宙を観《かん》測《そく》するための宇宙望遠鏡（天体望遠鏡）がどんどん高度化していったことで、地球から200万キロメートル以上も離《はな》れた深宇宙《しんうちゅう》といわれる場所の恒星《こうせい》や惑星を観測できるようになりました。

以前は宇宙望遠鏡を使って撮影《さつえい》した宇宙の写真を、科学者たちが分析《ぶんせき》して、「ここにこんな星がある」と見つけていたので、とても大変な作業でした。

しかし2017年に、アメリカのGoogle《グーグル》社が、NASA《ナサ》（アメリカ航空宇宙局）の宇宙望遠鏡が観測した大量のデータをAI《エーアイ》で分析し、新たな惑星を発見することができました。

人間では見逃《みのが》してしまうような惑星も、AIを活用することで発見できるようになっているのです。

宇宙《うちゅう》ロケットが、自分で自分を点検《てんけん》するAI《エーアイ》

今では、たくさんの人工衛星《えいせい》が地球の周りを回っていて、いろいろな情報《じょうほう》を宇宙《うちゅう》から地球に送ってきています。

天気予報《よほう》のための情報を送ってくれる人工衛星「ひまわり」は有名です。こうした人工衛星は、それ自体が地球から宇宙に飛んでいくわけではなく、宇宙ロケットを使って打ち上げられます。

このような人工衛星を打ち上げるための宇宙ロケットは、アメリカのNASA《ナサ》や、日本のJAXA《ジャクサ》（宇宙航空研究開発機構《うちゅうこうくうけんきゅうかいはつきこう》）などが開発し、実際《じっさい》に打ち上げを行っています。

宇宙ロケットを打ち上げるのはとても大変なことで、発射前《はっしゃまえ》に点検《てんけん》・整備《せいび》するだけでも多くの技術者《ぎじゅつしゃ》が、何十日もかけて、細かく点検・整備しなくてはならないのです。

そこで、JAXAでは、AI《エーアイ》を活用して、発射前の点検・整備を短い時間でできるようにすることに成功しました。

2013年、JAXAでは、イプシロンロケットという小型人工衛星を打ち上げるための宇宙ロケットにAIを搭載《とうさい》し、発射前の点検をロケット自身が行えるようにしたのです。宇宙ロケットがAIを使った自動・自律《じりつ》点検システムを搭載したのは、世界で初めてのことでした。

これにより、イプシロンロケットでは、発射台にロケットを設置《せっち》してから発射するまでの期間を７日間に短縮《たんしゅく》することができたのです。それまでは40日以上かかっていたので、大幅《おおはば》に短縮することができました。

火星探査《たんさ》で活躍《かつやく》するAI《エーアイ》

2011年11月、NASA《ナサ》は火星探査機《たんさき》キュリオシティを打ち上げ、2012年８月には火星への着陸に成功しました。

キュリオシティは、太陽電池によって火星を動き回り、写真を撮《と》って地球に送ったり、火星の岩や土を採取《さいしゅ》したりといった火星の探査を続けました。

このキュリオシティにもAI《エーアイ》が搭載《とうさい》されていて、どこをどう動き回るのか、どんな岩や土を採取するのかを、自分で判断《はんだん》できました。

キュリオシティに搭載されたAIの特徴《とくちょう》は大きく２つあります。１つはAIによる自動運転です。火星の表面はでこぼこしていて、大きな岩があったり、くぼみがあったりしますので、岩にぶつかってしまったり、くぼみに落ちてしまうと探査ができなくなってしまいます。

そこで、地形や岩などの障害物《しょうがいぶつ》をAIが分《ぶん》析《せき》して、岩やくぼみをよけて走行するルートを自分で判断することができるようになっているのです。

２つめの特徴は、AIを使って、火星にあるさまざまな物質《ぶっしつ》（岩や土）の写真のうち重要なものだけを選び出して、地球に送信することができることです。火星から写真データを地球に送信することはとても大変なことで、撮影した写真データをすべて地球に送ることはできません。そこで、AIが重要なものを自分で判断して選び、それを地球に送信するようにAIが設計《せっけい》されているのです。

惑星探査機《わくせいたんさき》などは、AI《エーアイ》を搭載《とうさい》して、写真撮影《さつえい》や物質採取《ぶっしつさいしゅ》を行う。

宇宙探査《うちゅうたんさ》に、AI《エーアイ》は欠かせない

地球から火星までの距離《きょり》は、一番近い時でも6000万キロメートル近くもあります。火星も地球と同様に、太陽の周りを回っているので、一番遠い時には4億キロメートルも離《はな》れてしまいます。

もっとも近い時の約6000万キロメートルでも、電波が届《とど》くまでには約4分もかかってしまいます。

もし、火星探査機《たんさき》が、AI《エーアイ》を搭載《とうさい》しておらず、自分では何も判断《はんだん》できず、いつでも地球からの命令を受け取らないと動けないとしたらどうでしょうか。

たとえば、探査機の目の前に巨大《きょだい》な岩が現《あらわ》れた時、探査機はカメラで撮《と》った映像を地球に送信します。地球では、その4分後に探査機の前に巨大な岩があることがわかります。このまま進んだら、岩に衝突《しょうとつ》して探査機が壊《こわ》れてしまいます。そこで、地球から岩をよけるルートを走るように探査機に命令を飛ばします。しかしその命令が探査機に届くのは4分後です。探査機から地球へ映像《えいぞう》が届くのに4分、それを見て地球から探査機に命令を届けるのに4分、合計で8分もかかってしまいます。そのころには、もはや手遅《ておく》れで、探査機は岩にぶつかって壊れてしまうことでしょう。

こうした失敗を防《ふせ》ぐためにも、地球から遠く離れた宇宙《うちゅう》を調べる探査機は、地球から電波を使って命令を送らなくても、自分の判断で危険《きけん》を回避《かいひ》したり、必要な探査のための作業ができるようになっていなければなりません。

そして、それを実現《じつげん》するのがAIなのです。

すでに宇宙探査や観測《かんそく》では、この項《こう》で紹介《しょうかい》したように、いろいろなAIが活躍《かつやく》しています。今後さらに宇宙探査や観測が進んでいく際《さい》には、AIは欠かすことのできないものとなるでしょう。

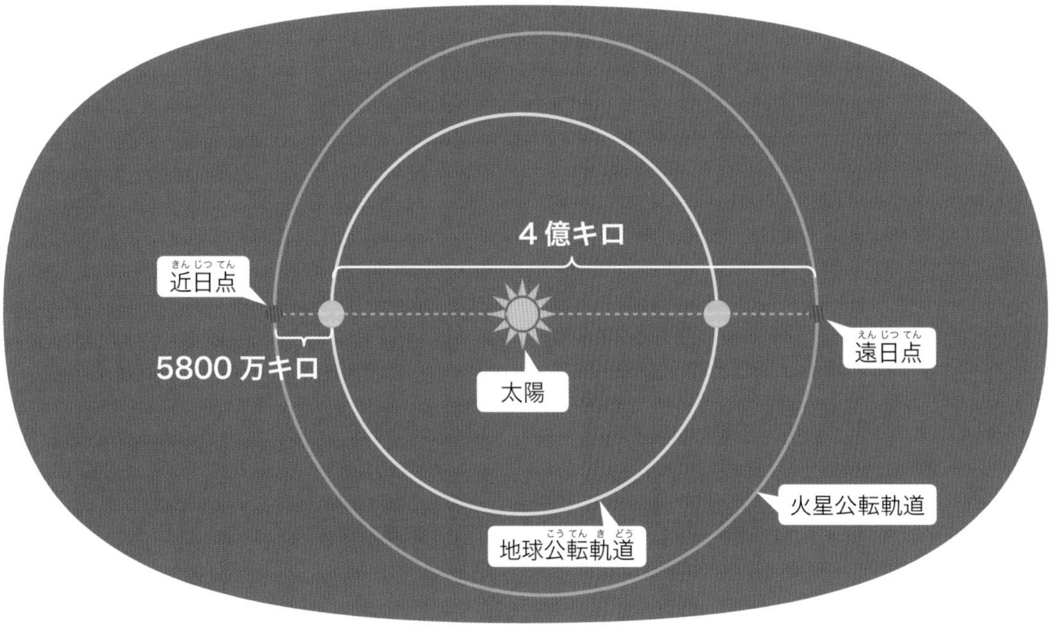

地球と火星の間で、電波で通信していると、反応《はんのう》が遅《おそ》くなってしまう。

※近日点《きんじつてん》、遠日点《えんじつてん》…太陽との距離《きょり》がもっとも近くなるのが近日点で、もっとも遠くなるのが遠日点。

第3章

いろいろなタイプのA《エー》I《アイ》と、最新AI

1 強いAI《エー アイ》と弱いAI・汎用《はんよう》AIと特化型AI

AI《エー アイ》が強いとは どういうこと？

AI《エーアイ》をタイプで分ける時に、「強いAI」と「弱いAI」に分けることがあります。

AI（人工知能《ちのう》）の研究・開発は、人間と同じように考えたり、物事を判断《はんだん》できるコンピューターのプログラムを作り出そうということを目的に進められています。

つまり、目指している完成形のAI、あるいは理想的なAIとは、人間のように考えることができるレベルであることだといえます。

そのため、強いAIと弱いAIのタイプ分けは、どれだけ人間の知能に近いかどうかで決められるのです。

より人間の知能に近い働きをするAIが強いAIです。逆《ぎゃく》に、あまり人間の知能らしくないAIは弱いAIだとされます。

人間の知能《ちのう》に近いとは どういうこと？

では、人間の知能《ちのう》に近いとはどういうことでしょうか。それを理解《りかい》するためには、人間の知能がどういうものかを知ることが必要です。

実は、人間の知能といっても、それがどんなものなのかを決めることはとても難《むずか》しいことなのです。

たとえば、「計算ができる」ということも知能の1つですし、「言葉を話したり、書いたりできる」ということも知能の1つです。さらにいえば、相手のいったことに対して、自分なりの答えを返すことも知能の1つです。過去《かこ》に失敗したことを覚えていて、次には失敗しないような行動をとることも、知能があるからできることです。いままで経験《けいけん》したことのないことであっても、似《に》たような経験を参考にして、なんとかやってみる、ということも知能です。

人間の知能は、とてもたくさんのことができる能力です。また、たとえ経験のないことや知らないことでも、過去の経験を参考にしたり、自分なりに深く考えたりすることで、なんらかの行動をしたり、答えを出したりできる能力です。

つまり、「人間のような知能」といえるためには、計算ができるだけではダメで、言葉を理解《りかい》できるというだけでもダメです。知らないことや経験のないことにも対応《たいおう》できて、はじめて「人間の知能」に近づいたことになるのです。

世の中にあるAI《エー アイ》は、まだまだ弱い

今、わたしたちの身の回りには、AI《エーアイ》を搭《とう》載《さい》した家電製品《せいひん》をはじめとして、たくさんのAIがあります。

しかし、どのAIを見ても、人間と同じレ

ベルの知能《ちのう》を備《そな》えたものはありません。

囲碁《いご》や将棋《しょうぎ》で人間を打ち負かすほどの AI はすでに開発されています。囲碁や将棋には " 強い "AI ですが、これらの AI は囲碁や将棋しかできません。ですから、本来の意味での強い AI とはいえません。あくまでも、囲碁や将棋しかできない弱い AI なのです。

未来においては、強い AI が登場してくるかもしれませんが、今現在《げんざい》、強い AI はないのです。

チューリング・テストは強いAI《エーアイ》への第一歩

AI《エーアイ》が人間と見分けがつかないぐらいに人間らしい回答をするかどうかを実験することで、AIの " 実力 " をテストするチューリング・テストがあることは、第1巻《かん》で説明しました。

強い AI であるかどうかを考える際《さい》に、このチューリング・テストで合格《ごうかく》できるかどうかは、1つの目安になるといっていいかもしれません。ただし、あくまでも強い AI への第一歩にすぎません。

質問《しつもん》に対する答え方や、その答えの内容《ないよう》が、人間らしく思えるほど自然なもので、人間から見ても、AI なのか、本当の人間なのか見分けがつかないということは、「人間らしい知能《ちのう》を持っている」と判断《はんだん》できるでしょう。

しかし残念ながら、いまだにチューリング・テストに合格《ごうかく》できた AI はないのです。つまり、「第二歩」でさえもまだできていないのです。

強い AI を作ることが、どれだけ難《むずか》しいことなのかが、このことからもわかります。

汎用《はんよう》AI《エーアイ》と特化型AIの違《ちが》い

もう1つのタイプ分けである「汎用《はんよう》AI《エーアイ》」と「特化型 AI」についてはどうでしょう。

まずは、汎用 AI と特化型 AI の違《ちが》いを説明しましょう。

「汎用」というのは、" いろいろなことに用いることができる " という意味です。つまり、汎用 AI とは、人間と同様にいろいろなことができる AI を指しています。

これに対して、「特化型」というのは、特定の決まったことを意味します。

将棋《しょうぎ》のできる AI は将棋しかできませんし、囲碁《いご》のできる AI は囲碁しかできません。これらは「将棋に特化した AI」「囲碁に特化した AI」ということになります。

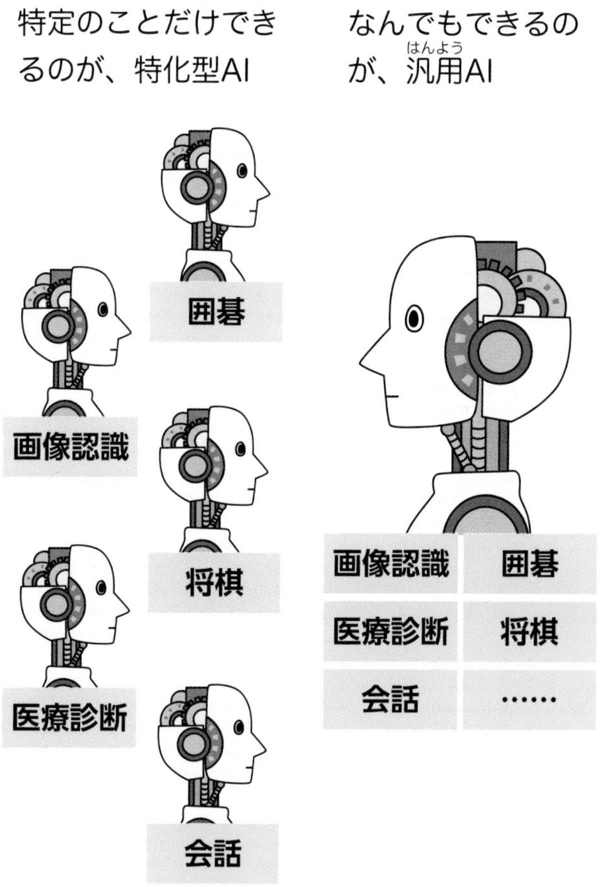

まだ汎用《はんよう》AI《エーアイ》はできていない

第３次AIブームといわれる現在《げんざい》、いろいろなAIが開発され、実用化されています。

文字や話し言葉を使って、人間と自由自在に会話することのできる「りんな」や「Siri（シリ）」などのAIは、人間と変わらないほどの会話ができます。しかしそれでも、「りんな」や「Siri」も、人間と会話するという機能《きのう》に特化した特化型AIであって、会話以外のことはできません。

アメリカのIBM《アイビーエム》社が開発したワトソン（Watson）を使って、金融《きんゆう》機関や自動車メーカーなど、いろいろな企業《きぎょう》が、独自《どくじ》のAIバーチャルアシスタントを開発したり、AIチャットボットを開発して実用化しています。クイズ番組に出て、クイズに答えるワトソンや、料理を教えてくれるワトソンなどもあります。しかし、こうしたAIが、１つのワトソンだというわけではありません。ワトソンとは、AIの開発に必要な機械学習や画像認識《がぞうにんしき》、音声認識《おんせいにんしき》などの基礎《きそ》となる技術《ぎじゅつ》の集合なのです。企業はIBM社からワトソンの中にある技術を借りて、独自の特化型AIを比較的簡《ひかくてきかん》単《たん》に開発できるのです。決して、ワトソンという汎用《はんよう》AIが存在《そんざい》するわけではないのです。

では、そうした特化型AIを組み合わせれば汎用AIになるのかというと、そうはなりません。いろいろな特化型AIが登場しているとはいっても、人間の脳《のう》の機能のすべてを実現できるレベルには達してないのです。

わたしたちが知っている汎用AIは、鉄腕《てつわん》アトムや、ドラえもんなどです。

マンガやアニメの世界では、汎用AIを搭《とう》載《さい》していると思われるロボットなどがたくさん登場していますが、現実の世界に登場してくるまでには、まだまだ長い時間が必要かもしれません。

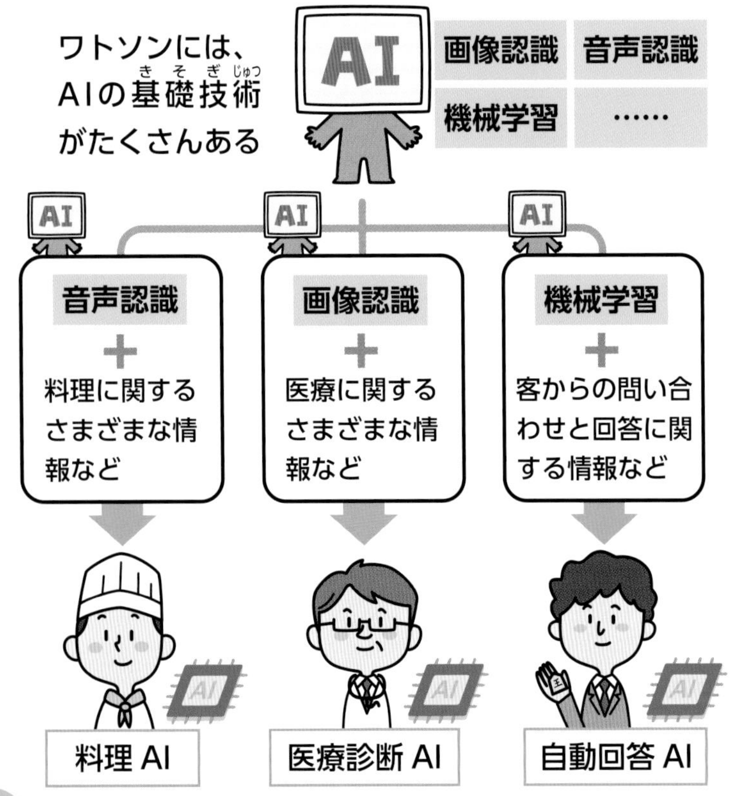

特化型AIを組み合わせても、汎用《はんよう》AIにはまだまだたどりつけない。

実用化が進む特化型AI《エーアイ》

汎用《はんよう》AI《エーアイ》の実用化までには、まだまだ時間がかかるかもしれませんが、特化型AIについては、たくさん作られていて、すでにわたしたちの暮《く》らしを支《ささ》えてくれています。

見たり、触《ふ》れたりすることのできる、身近な特化型AIとしては、エアコンをはじめとする家電製品《せいひん》があります。お掃除《そうじ》ロボットやスマートスピーカーも特化型AIの1つです。

インターネット通販《つうはん》のホームページにあるチャットボットも特化型AIによって、高度な受け答えができるものもあります。もちろん、すべてのチャットボットがAIを使っているとは限《かぎ》りませんが。ある商品を調べた時に、「こんな商品はどうですか」と違《ちが》う商品を紹介《しょうかい》してくれる機能《きのう》も、AIによって作られているものがたくさんあります。

気づかないけれど、特化型AI《エーアイ》が使われている

最近では、ラーメン店などにもAI《エーアイ》が活用されています。

あるラーメン店にあるAIロボットは、店に来た客の顔写真を撮影し、2回目以降は、そのAIロボットに顔を見せるだけで、何回目の来店なのかがわかるようになっています。そして3回目に来店した時には、顔を見せるだけで、AIロボットが自動でサービスクーポン券を発行してくれます。AIが得意とする画像認識《がぞうにんしき》を活用したサービスが、こんなところにも活用されているのです。

物を作る工場などでは、作られたものが不良品になっていないかどうかを調べる「検《けん》品《ぴん》」という作業をAIが行っていたりします。

さらには、工場の機械が故障《こしょう》する可能性《かのうせい》などをAIが予測して、“そろそろ壊《こわ》れそうだぞ”という時に、あらかじめ知らせてくれるという仕組みを使っているところもあります。機械の状態《じょうたい》を、AIが監視《かんし》しているのです。

すでに説明したように、わたしたちの目に触《ふ》れることはありませんが、病院でもいろいろな場面で特化型AIが活躍《かつやく》しています。

特化型AIは、今後ますます、いろいろなところで使われるようになることでしょう。

こんなところにも、AIが…

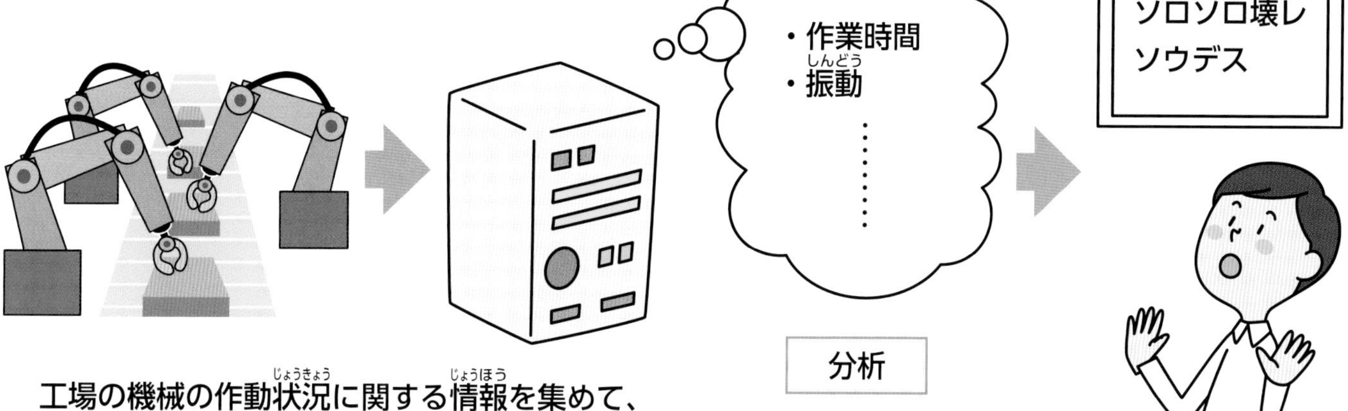

工場の機械の作動状況《じょうきょう》に関する情報《じょうほう》を集めて、故障《こしょう》の可能性《かのうせい》を予測《よそく》するAI《エーアイ》もある。

2 最新のAI《エーアイ》① 〜敵対的《てきたいてき》生成ネットワーク〜

ここからは、最新のAI《エーアイ》について、見ていくことにします。

AIは、ディープラーニングなどの新しい仕組みが登場したことで、大きく進化しました。

しかし、AIの進化はディープラーニングでおわりではありません。もっともっと進化するための研究が進められているのです。

2つのAI《エーアイ》を競争させることで、レベルアップさせる

スポーツでも、勉強でも、ライバルがいることで、もっとがんばれる、という経験《けいけん》をしたことのある人は多いと思います。

“今日は負けたけど、次は絶対《ぜったい》勝つぞ”という意気ごみで、練習や勉強をがんばって、自分の実力を高めていくわけです。

このような、ライバルとの競争によって、自分の能力を高めていくということを、AIにやらせようという研究が進んでいます。「敵対的《てきたいてき》生成ネットワーク」といわれるものです。

人間のライバル関係と同様に、AIも相手（AI）を打ち負かそうとして、どんどん高度になっていくのです。

敵対的《てきたいてき》生成ネットワークの仕組み

まずは2つのAI《エーアイ》を用意します。1つのAIは、画像《がぞう》を作り出すAIです。このAIは実際《じっさい》の写真などをたくさん読みこんで学習し、その特徴《とくちょう》を分析《ぶんせき》した上で、実際にはない、でも本物の画像にそっくりのニセ画像を自動で作り出します。

そして、もう1つのAIは、本物の画像と、ニセの画像を大量に読みこんで、ある画像が、本物の画像なのか、ニセの画像なのかを見抜《みぬ》くことができるAIです。

この2つのAIに競争させるのが「敵対的《てきたいてき》生成ネットワーク」といわれるものです。

ニセ画像を作るAIは、それを見抜こうとするAIに、ニセ画像だと見抜かれないように、できるだけ本物そっくりの画像を作り出します。

そして、出来上がった画像を、見抜こうとするAIに見せるのです。

見抜く側のAIは、その画像を分析して、「これはニセの画像です」と判断《はんだん》すると、ニセ画像を作るAIは、どうして見抜かれてしまったのかを学習して、次は、もっと本物そっくりの画像を作り出します。

それをまた、見抜く側のAIが分析して、「これは本物だ、いやニセ画像だ」というように、1つひとつ分析し、その結果をさらに学習して、ということを繰《く》り返《かえ》していきます。ニセ画像を作るAIも、それを見抜くAIも、相手のレベルを超《こ》えようとして、ともにレベルが上がっていく、というわけです。

2つのAI《エーアイ》は、お互《たが》いに本物とニセ物の違《ちが》いを深く学習している

では、どうして、2つのAI《エーアイ》はお互《たが》いに進化していくことができるのでしょうか。

それは、ニューラルネットワーク（→ P.14 ～ 17 参照）という仕組みによって、本物とニセ物の違《ちが》いを判断《はんだん》するための特徴《とくちょう》を深く学習するからです。

ニューラルネットワークが、学習を繰《く》り返《かえ》す中で、「正しい判断をするために、注目すべきポイントはどこにあるか」を常《つね》に変えながら、正解《せいかい》にたどり着く可能性《かのうせい》を高めるように、自分の判断基準《きじゅん》と、その重みづけを変えていく仕組みだという説明をしました。

この仕組みを応用《おうよう》することで、ニセ画像《がぞう》を作るAIも、それを見抜《みぬ》こうとするAIも、失敗と成功を繰り返す中で、注目すべきポイントと、その重みづけを変えていくのです。

敵対的《てきたいてき》生成ネットリークは、よくニセ札《さつ》作りをする犯罪者《はんざいしゃ》と、それを取《と》り締《し》まる警察官《けいさつかん》にたとえられます。

ニセ札作りをする犯罪者は、警察に見抜かれないようにいろいろと工夫《くふう》して偽札を作ります。警察官は、その工夫を見破《みやぶ》るために本物のお札とニセ札の違いを明らかにします。たとえば、数字の形が少しだけ違っているからニセ札だ、と見破るわけです。それを知った犯罪者は、数字の形をもっと本物に似《に》せようとさらに工夫します。警察はさらに、それを見破るために、どこに違いがあるかを調べます。こうしたやりとりを繰り返すことで、お互いが進化していくわけです。

3 最新のAI②
～XAI(エックス・エーアイ)～

AI《エーアイ》に残るたくさんの問題

第３次 AI《エーアイ》 ブームといわれる現在《げんざい》、たくさんの AI が活用されています。暮《く》らしの場面でも、仕事の場面でも、気づいているかどうかは別にしても、わたしたちは AI に助けられているのです。

今後ますます、AI による便利さや快適《かいてき》さが増《ふ》えていくことでしょう。

しかし、これだけ利用シーンが増え、便利に利用できるようになった AI であっても、まだまだたくさんの問題が残っています。

AI をいろいろな場面で活用する上で、わたしたちが考えなければならない問題として重大なのが、「なぜ、AI は、その答えを出したのかがわからない」という問題です。

これを「ブラックボックス問題」と呼《よ》ぶことは、P.18 のコラムで説明しました。

もともと「ブラックボックス」というのは、黒い箱のことですが、中身がどうなっているのかがわからないことをブラックボックスといいます。

たとえば、ある箱の中に、1 を入力したら、2 が出力された。次に 5 を入力したら、6 が出力されたとします。この時、箱の中には、「+1」があるとわかります。コンピューターのプログラムの場合、多くの場合は、この例のように、箱の中がどうなっているのかがわかります。

しかし、AI の場合には、その箱の中で、どんなことが行われているのかを正確《せいかく》に把握《はあく》することが難《むずか》しい場合があるのです。

コンピューターのプログラムは、答えを出す手順が決まっている

コンピューターはプログラムによって動いています。どんな複雑《ふくざつ》な処理《しょり》も、あらかじめコンピューターに組みこまれたプログラムが実行しています。

そのため、コンピューターがなぜその答えを出したのかは、プログラムの手順をたどっていくことで、明らかにすることができます。先ほど例に挙げた「+1」が入っているというようなことです。

AI《エーアイ》 もコンピューター・プログラムであることに変わりはないのですが、ある種の AI という箱の中で、どういう手順でその答えが出たのかがわからないことがあるのです。

最近の AI の進化に大きく影響《えいきょう》を与《あた》えているディープラーニングやニューラルネットワークが、まさにその問題をかかえているのです。

つまり、ディープラーニングという仕組みを活用した AI の箱の中で、どんな手順で答えを導《みちび》き出《だ》す手順が実行されて、その答えにたどり着いたのかがわからないということです。

なぜ、手順がわからないことが問題なのか

たとえば、画像《がぞう》を調べるAI《エーアイ》（ディープラーニングを活用しています）を使って、レントゲン写真を分析《ぶんせき》したとします。そのAIは「特に問題はありません」と答えを出し、それを信じた医師《いし》が、「治療《ちりょう》はいりません」と患者《かんじゃ》に伝えました。しかし、実は重大な病気であったことが後でわかった、という場合、患者は“なぜ、そんなミスが起きたのか”を知りたいと思うことでしょう。しかし、AIが何かを分析《ぶんせき》して答えを出す手順などがわからなければ、“なぜ、そんな間違《まちが》った答えが出たのか”を説明できません。それでは、患者は怒《おこ》ってしまうことでしょう。

AIを使った場合に限《かぎ》ったことではありませんが、何かの問題に対して、ある答えが導《みちび》き出《だ》された時、どのようにして、その答えにたどり着いたのかを説明できることは、とても大事なことなのです。

AI《エー アイ》が答えを出した理由を説明できるようにすることがXAI《エックス エー アイ》

そこで、最近注目されているのがXAI《エックスエーアイ》（説明可能《かのう》なAI）なのです。

XAIでは、分析《ぶんせき》結果としての「答え」はもちろん、「なぜ、その答えにたどり着いたのか」という説明もできるようにしようとしているのです。

今後XAIは、AIを活用するいろいろな場面で、その重要性《じゅうようせい》を高めていくことでしょう。

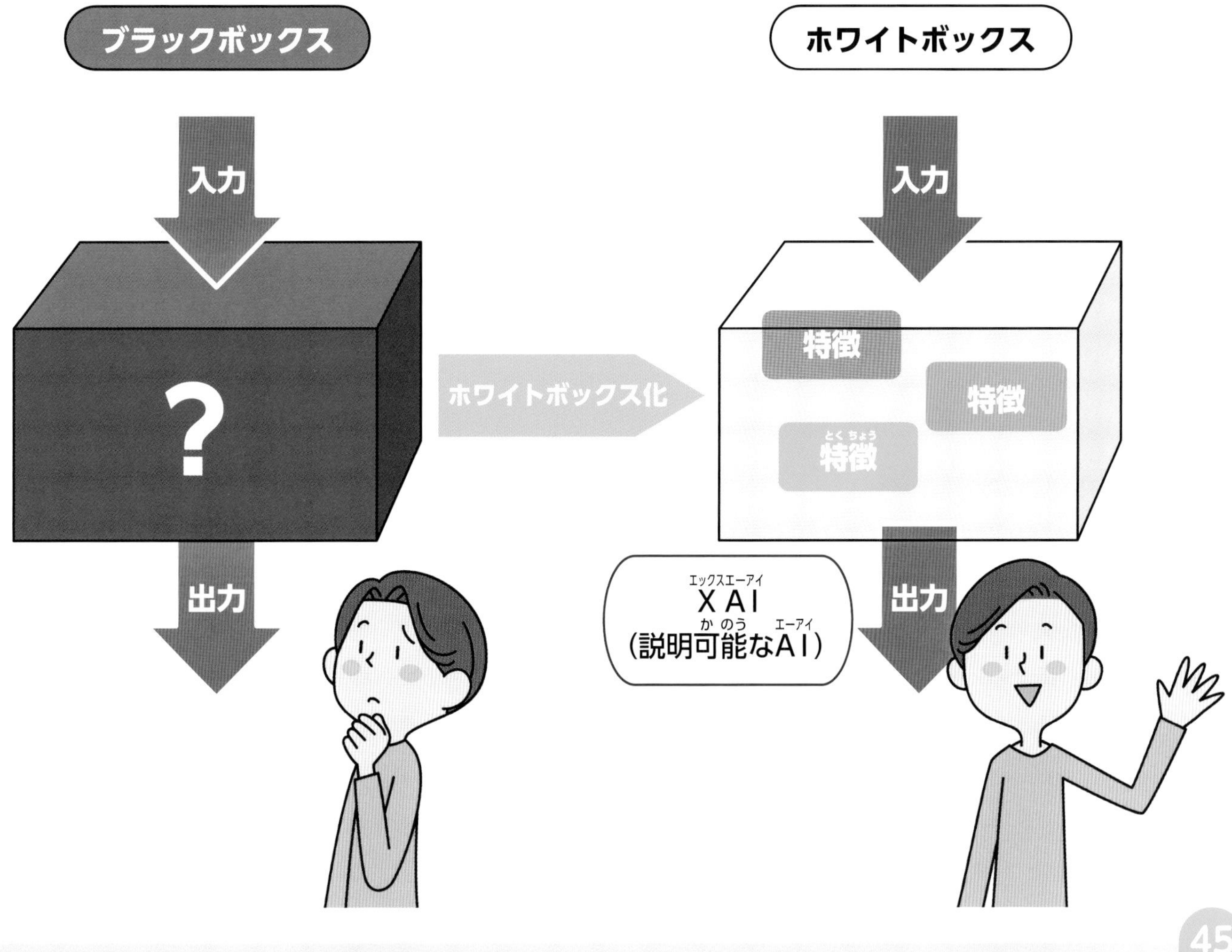

さくいん

●監修

山田 誠二（やまだ せいじ）

1989年大阪大学大学院博士課程を修了後、同大学助手、講師、東京工業大学助教授を経て、2002年より国立情報学研究所教授、総合研究大学院大学教授、東京工業大学特定教授。2016年から2018年まで、一般社団法人人工知能学会会長を務めた（現在は顧問）。
専門はHAI（ヒューマンエージェントインタラクション）、人工知能、Webインテリジェンスで、現在はHAI、IIS（知的インタラクティブシステム）を中心に各種の研究プロジェクトを推進中。主な著書に『本当は、ずっと愚かで、はるかに使えるAI ― 近未来人工知能ロードマップ』（日刊工業新聞社）、『マインドインタラクション ― AI学者が考える《ココロ》のエージェント』（近代科学社）など多数。

●装丁
村口敬太（Linon）

●本文デザイン・DTP
HOPBOX

●本文イラスト
すずき匠・藤江俊治・HOPBOX

●写真提供
カバー・表紙：（中央）AFP ／アフロ
（右上・左）PIXTA
本扉：PIXTA
P11：（左下）PIXTA

●編集協力
図書印刷株式会社／有限会社オズプランニング

ISBN 978-4-7999-0354-4 NDC007 48p 293 × 215mm

A《エー》I《アイ》とともに生きる未来
3 AIの今～スマート家電・バーチャルアシスタントなど

2020年3月 初版第1刷発行
監 修 山田 誠二
発行者 水谷 泰三
発行所 株式会社**文溪堂**
〒112-8635 東京都文京区大塚3-16-12
TEL 営業 （03）5976-1515 編集 （03）5976-1511
ホームページ http://www.bunkei.co.jp
印刷・製本 図書印刷株式会社